국어학입문

| 지은이

박종갑 영남대학교 문과대학 국어국문학과 교수(국어의미론)

최동주 영남대학교 문과대학 국어국문학과 교수(국어문법론)

이혁화 영남대학교 문과대학 국어국문학과 부교수(국어방언학, 국어사)

김세환 영남대학교 문과대학 국어국문학과 조교수(국어음운론)

서희정 영남대학교 문과대학 국어국문학과 조교수(한국어교육학)

국어학입문

초판 2쇄 2019년 2월 28일
초판 1쇄 2016년 9월 10일

지은이 박종갑·최동주·이혁화·김세환·서희정

펴낸이 서길수

펴낸곳 영남대학교출판부

출판등록 1975년 9월 5일 경산 제16-1호

주소 경북 경산시 대학로 280

전화 053) 810-1801~3

FAX 053) 810-4722

홈페이지 book.yu.ac.kr

ISBN 978-89-7581-534-8 93700

국어학입문

박종갑 · 최동주 · 이혁화 · 김세환 · 서희정 지음

영남대학교출판부

머리말

대학의 국어국문학과 전공과목은 대개 국어학 분야와 국문학 분야로 나뉘는데, 이 책은 국어학 분야의 입문서로 만든 것이다. 대학에 들어온 학생들은 무엇보다도 우선하여 학문적 성취를 이뤄내는 것을 목표로 삼아야 한다. 전공 분야에 대한 깊은 이해는 그러한 학문적 성취의 근간에 해당된다. 어떠한 분야이든지 학문적 발전을 위해서는 훌륭한 길잡이가 있어야 하고 학생 자신의 흥미와 탐구욕이 뒷받침되어야 한다. 이 책은 일차적으로 국어학 분야의 공부를 하는 학생들에게 그러한 길잡이 역할을 하고 흥미와 탐구욕을 부추기겠다는 의도로 만들었다. 각 장의 앞부분에 있는 '생각 깨우기' 문제는 이러한 의도의 부분적 반영이다.

무슨 일이든지 처음 시작할 때 잘 하는 것이 중요하다. 학문도 마찬가지여서, 처음에 어떻게 가르치고 인도하느냐에 따라 학생들의 학문적 삶의 질이 달라질 수 있다. 대학에서의 국어학 분야 강의의 첫 작업은 학생들에게 국어학이 '까다롭고 어려워 외우기도 힘든 문법'이란 인식에서 벗어나 국어학이 경험과학의 하나이며 그것이 얼마나 흥미진진한 세계인가를 인식하게 하는 것이다. 인문학의 위기라는 말이 거론된 지도 오래되었고, 요즈음 추진되고 있는 대학의 구조적 변화는 인문학을 위축시킬 것으로 보여 걱정하는 사람이 많다. 미래의 불안정성 때문에 고민하는 대학생들은 학문적 여정을 뚜벅뚜벅 걸어가며 지성적 사유의 즐거움을 음미할 여유가 없다. 세상의 삶에서는 두 발을 딛고 있는 땅이 튼튼해야 하는데 그러한 미래 세계의 안정성 제고에 인문학이, 나아가 국어학이 어떤 기여를 할 수 있는지에 대한 회의가 대학에 만연해 있다. 그러나 미래 세계의 안정성은 경제적 안정성이 전부가 아니며 삼라만상이라 표현되는 이 세상의 이치와 질서를 깨쳐 낼 수 있는 이성적 투철함과 감성적 포용성이 그 바탕이 된다. 국어학 분야의 첫 강의는 학생들에게 국어학 공부가 그러한 투철함과 포용성을 길러줄 것이며, 그것을 통해 얻은 지혜가 우리의 삶을 격조 있게 살아가는 데 필요한 지혜와 결코 다르지 않다는 것을 깨닫게 해 주어야 할 것이다. 이 책은 부족하고 너무 우회적이지만 학생들에게 좀 더 크고 높은 산 위에서 세상을 바라볼 수 있는 힘을 기르게 해야 한다는 의식을 하면서 만들고자 했다.

그 동안 우리 저자들은 여러 회에 걸쳐 세미나를 하면서 이 책의 지향점과 구체적인 기술 양식 및 편집 방안에 대해 토론해 왔다. 다행히 국어학 입문서로서 반드시 담아야 한다고 생각되는 세부 분야의 전공 교수들이 모두 같이 있었고 교수로서의 사명감과 열정을 가지고 있었기에 비교적 순조롭고 즐겁게 집필에 임할 수 있었다. 그리고 출판하기 전에 유인본으로 만들어 한 학기 동안 강의에 실제로 사용해 본 경험은 원고의 완성도를 높이는 데 적지 않은 도움이 되었다. 한 학기 15주 강의에 실제로 수업을 할 수 있는 주는 13주 정도 된다는 현실을 고려하여 총 13개 장으로 구성하였기에 학생이나 교수 모두 예측 가능한 주별 계획을 쉽게 수립할 수 있도록 하였다. 각 장의 앞부분에 있는 '생각 깨우기' 문제는 활용하기에 따라 지적 흥미를 유발하여 학생들이 수업의 주체로 나설 수 있도록 하는 데 도움이 될 것이다.

이 책은 비교적 좋은 여건 속에서 큰 꿈을 꾸면서 만들었지만 결과물을 놓고 보니 부족한 점이 적지 않다. '첫술에 배부르랴'고 했다. 또 '시작이 반이라'고 했다. 앞으로 끊임없이 노력하여 우리의 최종 목표를 향해 나아가는 작업을 계속할 것이다. 이 책으로 공부하고 가르칠 학생들과 교수들의 애정 어린 질책을 기대한다. 그리고 어려운 여건이지만 기꺼이 출판을 맡아준 영남대학교 출판부에 감사를 표한다. 끝으로 이 책의 탄생에 중심적 역할을 해 온 이혁화 교수의 쾌유를 두 손 모아 빈다.

2016. 8

저자 일동

차 례

제1장

국어와 국어학

1.1. 언어와 국어

1.2. 국어학의 하위 영역과 응용 분야

생각 깨우기

◈ 다음 예문들은 국어와 영어, 중국어를 대조해 보기 위해 실은 것이다.

(1) 가. 내-가 그-를 좋아한다.
나. 그-가 나-를 좋아한다.
다. 철수-가 영희-를 좋아한다.
라. 영희-가 철수-를 좋아한다.

(2) 가. I like him.
나. He likes me.
다. Tom likes Judy.
라. Judy likes Tom.

(3) 가. 我 愛 他
나. 他 愛 我
다. 王明 愛 小紅
라. 小紅 愛 王明

1. 아래는 위 자료에서 제시된 일인칭 대명사의 주격과 목적격의 형태를 정리한 것이다. 세 언어의 특징을 비교해 보자.

주어와 목적어(일인칭 대명사)					
한국어		영어		중국어	
주어	목적어	주어	목적어	주어	목적어
내-가	나-를	I	Me	我	我

가. 형태가 바뀌는 언어는 무엇과 무엇인가?
나. 형태가 바뀌는 두 언어에서, 형태가 바뀌는 방식은 어떻게 다른가?

2. 아래는 위 자료에서 제시된 명사의 주격과 목적격의 형태를 정리한 것이다. 세 언

어의 특징을 비교해 보자.

주어와 목적어(명사)					
한국어		영어		중국어	
주어	목적어	주어	목적어	주어	목적어
철수-가	철수-를	Tom	Tom	王明	王明

가. 형태가 바뀌지 않는 언어는 무엇과 무엇인가?

나. 형태가 바뀌지 않는 언어에서는 주어와 목적어가 어떻게 구분될까?

1.1. 언어와 국어

1.1.1. 언어란 무엇인가

기호는 형식과 내용으로 구성된다. 언어의 형식은 사람의 조음기관에서 내는 음성이고, 언어의 내용은 일정한 모양의 음성이 담고 있는 의미(뜻)이다. 언어의 가장 큰 특징은 창조성(creativity)과 자의성(恣意性 arbitrariness)이다. 창조성은 형식과 내용의 가능한 가지 수에 한정이 없다는 점을 가리킨다. 자의성은 형식과 내용 사이의 관계가 임의적이라는 점을 일컫는 것이다. 한편으로 언어에는 도상성(圖象性 iconicity)의 특징도 있다.

언어는 의사소통을 위한 도구로서 인간으로 하여금 사회생활을 유지하고 문화의 창조 및 발전, 계승을 가능하게 하는 수단이다. 언어는 인간을 동물과 구별해 주는 중요한 특성의 하나로서, 생득적인 언어능력에 의해 습득되며, 인간의 본성을 반영한다. 실제로 사람의 두뇌 속에는 언어를 관장하는 부분이 있다는 것이 확인되고 있다.

1.1.2. 국어와 한국어

지구상에는 약 7,000개 정도의 언어가 있는 것으로 추정되는데, 국어는 그러한 언어 중의 하나다. 보통 '국어'라고 하면 national language의 뜻이 아니라 Korean language

의 뜻이다. 따라서 정확하게는 '한국어'라는 용어를 써야 하지만, 관행적으로 국어라는 용어를 쓴다. 이 책에서도 국어라는 용어를 쓰지만, 경우에 따라 한국어라는 용어를 쓰기도 하겠다. 외국어로서의 한국어 교육 분야에서는 일관되게 한국어라는 용어를 쓰고 있다.

국어는 7,700만 정도의 인구가 사용하는 우리 민족의 언어로서, 사용 인구로 보면 상위권의 언어에 속하며, 그 분포도 한반도, 중앙아시아, 러시아, 일본, 미주 등 넓은 지역에 걸쳐있다. 고유의 문자를 갖춘 얼마 안 되는 언어 중의 하나이기도 하다.

1.1.3. 국어의 특징

언어들은 많은 공통점도 있고 각 언어마다의 독자성도 있다. 국어의 개성적인 특징은 다음과 같이 열거할 수 있다.

1) 형태적 특징: 첨가어(또는 교착어(膠着語 agglutinative language)).

   ※ 첨가어는 문법형태가 대체적으로 하나의 기능을 가지고 있고, 분리가 쉽다는 특징이 있다. 영어와 같은 굴절어(inflectional language)는 문법형태와 기능이 1:1로 대응하지 않고 때로 분리가 어렵다. 중국어 같은 고립어(isolating language)는 단어의 어형변화가 없고, 문법형태도 드물다.

2) 통사적 특징

   가. '주어+목적어+동사'의 어순이다. 서술어를 제외한 다른 성분은 자리옮김이 비교적 자유로우나, 기본적인 어순은 '주어+목적어+동사'라고 보는 것이 합리적이다.

   나. 격중출구문이라고 볼 수 있는 문장 유형들이 있다.

3) 그 밖의 특징

   가. 주어가 없는 문장이 흔히 쓰인다.

   나. 조사 및 어미가 발달되어 있다.

1.2. 국어학의 하위 영역과 응용 분야

1.2.1. 국어학의 하위 영역(1)

언어의 형식으로는 음소(음운), 형태소, 단어, 구, 문장 등을 들 수 있다. 언어의 형식에 대한 연구는 크게 음운론과 문법론으로 나뉘고, 문법론은 형태론과 통사론으로 나뉜다.

가. 국어 음운론: 국어 음소의 기능과 조직에 대한 연구.

나. 국어 형태론: 국어의 형태소가 모여 단어를 구성하는 방법에 대한 연구.

다. 국어 통사론: 국어의 단어나 형태소가 모여 구나 문장을 구성하는 방법에 대한 연구.

언어의 형식 중, 형태소, 단어, 구, 문장 등은 의미를 가지고 있다. 형태소는 문법형태소와 어휘형태소로 나뉜다. 문법형태소의 의미는 문법적 기능이어서 형태론에서 다룬다. 어휘형태소의 의미는 의미론의 소관이지만, 어휘형태소는 그대로 하나의 단어와 같으므로, 의미론은 단어, 구, 문장의 의미를 다루는 분야라고 할 수 있다.

라. 국어 의미론: 국어의 여러 가지 형식(단어, 구, 문장 등)의 의미에 대한 연구.

의미론은 언어의 형식이 구체적인 맥락(context) 속에서 어떻게 사용되느냐의 문제도 다룬다.

1.2.2. 국어학의 하위 영역(2)

국어를 바라보는 두 가지 관점이 있다. 하나는 국어를 동질적인 것으로 보는 것이고, 다른 하나는 이질적인 것으로 보는 것인데, 이러한 관점과 관련하여 그 근거를 세울 수 있는 하위 영역이 국어방언론과 국어사이다.

국어는 한국어 토박이 화자들이 일상적으로 쓰는 말이라고 소박하게 정의할 수 있겠지만, 정확하게 말하면 한국어 각 방언의 총합이 국어이다. 서울 사람들이 쓰는 말은 서울방언이고 제주사람들이 쓰는 말은 제주방언이다. 방언의 크기에는 일정한 제한이 없다. 엄밀하게 말하면 사람마다 말이 다를 수 있다.

국어의 표준어는 특정 방언(교양 있는 사람들이 두루 쓰는 현대 서울말)을 바탕으로 삼고 인위적 조작을 가한 것이다. 자연언어의 본질적 특성은 언어 그 자체의 원리와 질서에 의해서 변해간다는 것이다. 표준어는 인위적 결정에 의해 바뀌는 것이므로, 엄격한 의미에서는 자연언어라기보다는 특정 방언을 재료로 해서 만든 일종의 인공언어이다. 자연언어로서의 한국어는 각 지역과 계층에 속한 사람들이 쓰는 방언들을 전부 일컫는 것이다. 국어는 각 방언으로 구성되므로 복수의 이질적 실체이다.

표준어가 국어를 대표한다고 보고, 표준어를 대상으로 삼아 국어를 연구한다면, 이는 국어를 하나의 동질적 실체라고 가정하고 하는 연구이다. 국어는 각 방언으로 구성되므로, 국어 연구는 곧 국어를 구성하는 방언들에 대한 연구가 된다. 국어가 복수의 이질적 실체라는 점에 바탕을 두고 이뤄지는 연구이다.

방언은 지역방언과 사회방언으로 나뉜다. 방언론은 지역방언과 사회방언을 연구하는 분야이다.

마. 국어 방언론: 국어의 지역 방언과 사회 방언에 대한 연구.

언어는 시대의 흐름에 따라 달라진다. 우리가 쉽게 인식할 수는 없지만, 언어는 지금도 계속하여 변화하고 있다. 국어는 원시시대부터 현대에 이르기까지 동질적 실체로 존재해 온 것이 아니고 시대의 흐름에 따라 변해 왔다. 각 시대별로 보아도 국어는 이질적 실체인 것이다. 시대의 흐름에 따라 국어의 모습이 어떠했는지를 연구하는 분야가 국어사이다.

바. 국어사: 시대의 흐름에 따라 국어의 모습이 어떠했는지에 대한 연구.

언어는 시대의 흐름에 따라 사적으로 연구할 수도 있고, 특정한 한 시대로 한정하여 연구할 수도 있다. 전자를 통시언어학(diachronic linguistics)이라 하고 후자를 공시언어학(synchronic linguistics)이라 한다. 예를 들어, 국어 존대법이 15세기에서 17세기에 이르기까지 그 모습이 어떠했는지를 연구한다면 통시언어학에 해당되고, 15세기 국어의 존대법이 어떠했는지를 연구한다면 공시 언어학이 된다. 국어사는 국어에 대한 통시적 연구이다.

1.2.3. 국어학의 응용 분야

언어학은 여러 주변 분야에 응용되거나, 유관한 다른 학문과 융합하여 새로운 학문 분야를 만들어 왔다. 언어학은 역사학, 문화인류학, 사회학, 심리학, 철학, 자연과학(생리학이나 물리학) 등과 밀접한 관련을 맺는다. 국어학도 마찬가지다.

교육 분야에서도 국어학의 중요한 응용 분야가 있다. '외국어로서의 한국어 교육론'은 최근에 와서 활발히 연구되고 있다. 이 책에서는 국어학의 응용 분야 중, 외국어로서의 한국어 교육론을 대표적인 예로 삼는다. 외국어로서의 한국어 교육은 한국어가 모어가 아닌 재외동포와 외국인 등에게 이뤄진다.

사. 외국어로서의 한국어 교육론: 한국어를 모어로 하지 않는 사람들을 대상으로 하여 이뤄지는 한국어 교육에 대한 연구.

제2장

발음 기관과 음운

2.1. 발음 기관

2.2. 음운, 자음과 모음, 음절

생각 깨우기

1. 다음 단어들의 음절말에 오는 자음의 실제 발음이 어떠한지 유의하여 각자 발음을 적어보자.

(1) **먹**(　　), **부엌**(　　　), **밖**(　　)
(2) **입**(　　), **잎**(　　)
(3) **낟**(　　), **낱**(　　), **낫**(　　), **낮**(　　), **낯**(　　)

2. 다음 단어들의 음절말에 오는 자음의 실제 발음이 어떠한지 유의하여 각자 발음을 적어보자.

(1) **참**(　　), **곰**(　　)
(2) **난**(　　), **잔**(　　)
(3) **졸**(　　), **볼**(　　)
(4) **종**(　　), **공**(　　)

3. 위 문제의 답을 바탕으로 국어에서 음절의 끝에 올 수 있는 자음에는 어떤 것이 있는지 생각해 보자.

2.1. 발음 기관

음운론 분야는 사람의 말소리, 즉 음운을 연구하는 국어학의 하위 분야이며 국어에 존재하는 음운의 목록과 음운의 변화를 연구하는 것이 국어 음운론이다. 음운의 목록에는 'ㅂ, ㄷ, ㄱ'과 같은 자음과 'ㅡ, ㅓ, ㅏ'와 같은 모음 그리고 이중 모음의 '야[ya], 와[wa]'의 일부를 이루는 'y, w'와 같은 반모음 등이 존재한다. 음운의 변화는 '별나라'가 '[별라라]'로, '없는'이 '[엄는]'으로 발음되듯이 음운과 음운이 결합할 때 일어나는 변화를 가리킨다. 다른 언어와 마찬가지로 국어의 음운도 발음 기관의 작용에 의해 발음되는 소리이므로 발음 기관에 대해 먼저 알아본다. 발음 기관은 공기의 흐름을 말소리로 바꾸어 주는 발성 기관과 말소리를 다양한 음으로 구별시켜 주는 조음 기관으로 나뉜다.

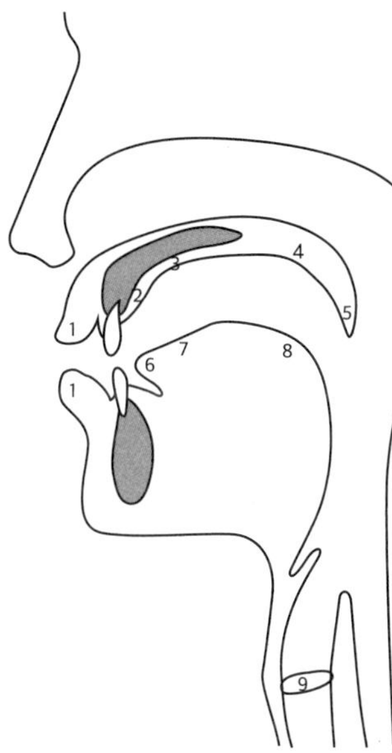

발음 기관		
1. 입술	2. 치조	3. 경구개
4. 연구개	5. 목젖	6. 설단
7. 전설	8. 후설	9. 후두

2.1.1. 발성 기관

발성 기관은 위에서 언급하였듯이, 공기의 흐름을 말소리로 바꾸어 주는 기관으로서 여기에는 후두가 해당된다. 후두의 위치는 목 부근에 앞으로 툭 튀어 나온 부분에 위치한다. 이 후두에 위치한 성대는 두 개의 인대로 되어 있어, 공기가 두 인대 사이(=성문)를 통과하면서 성문이 열리고 닫히는 과정을 반복하면서 소리가 발생한다.

성대에 진동이 있어서 목의 떨림이 있으면 유성음이 되고 성대의 진동이 없어서 떨림이 없으면 무성음이 된다. 유성음과 무성음을 구별하기 위하여 목의 후두에 손을 대어 보면 떨림의 유무를 판단할 수 있다. 또한 귀를 막고 '아'와 같은 모음을 발음해 보거나, 마찰음인 자음 'ㅅ'을 발음해 보면, 떨림의 차이를 확인할 수 있다.

2.1.2. 조음 기관

대표적인 조음 기관으로는 '입술, 치조, 경구개, 연구개, 목젖, 혀' 등이 있다. 이들에 대하여 간략히 알아보면 다음과 같다. 입술에는 윗입술과 아랫입술이 있다. 두 입술을 닿게 하였다가 떨어지면서 발음하면 'ㅂ'과 같은 자음으로 발음된다. 또한 두 입술을 둥글게 오므리면서 발음하면 '우, 오'와 같은 모음으로 발음된다. 치조는 윗니의 뒤쪽에 살짝 튀어나온 부분으로서 이곳에 설단(혀의 앞쪽 끝부분)이 닿으면 'ㄷ'과 같은 소리가 난다. 경구개와 연구개는 모두 입천장 부분으로 둘을 합쳐서 구개라고 부른다. 치조 뒤의 딱딱한 부분을 경구개라고 하는데 'ㅈ'을 발음할 때 전설(혀의 앞부분)이 여기에 닿는다. 경구개 뒤의 물렁한 부분을 연구개라고 하는데, 'ㄱ'을 발음할 때 후설(혀의 뒷부분)이 여기에 닿는다.

목젖은 구개수라고도 하는데 입천장의 가장 뒤쪽 부분이다. 국어에서 목젖을 이용하여 발음하는 말소리는 없으나 목젖은 구강음과 비강음을 구분해 주는 역할을 한다. 즉, 목젖이 올라가 뒤쪽 인두벽에 닿으면 기류가 코로 가지 못하여 구강음이 되고, 목젖이 내려가 기류가 코로 들어가면 비강음이 된다.

혀는 발음 기관 중 가장 활발한 부분으로서 앞부분부터 설단, 전설, 후설 등으로 분류한다. 위에서 언급하였듯이 설단은 주로 치조에 닿거나 근접하게 되는데 닿으면 'ㄷ' 소리가 나고 근접하면 'ㅅ' 소리가 난다. 전설은 주로 경구개에 닿으며 후설은 주로 연구개에 닿는다.

2.2. 음운, 자음과 모음, 음절

2.2.1. 음운

음운은 단어의 뜻을 구별해 주는 소리이다. 예를 들어, '술'이라는 단어와 '물'이라는 단어는 'ㅜㄹ'이라는 공통적인 소리 이외에 'ㅅ'이라는 소리와 'ㅁ'이라는 소리에 의하여 그 뜻이 완전히 구별된다. 이렇게 단어의 뜻을 구별해 주는 소리는 모두 국어의 음운이다. 'ㅅ'과 'ㅁ' 이외에 'ㄱ : ㄴ', 'ㄴ : ㄷ'의 대립도 이와 같은 방법에 의해 음운으로 파악될 수 있다. 예를 들어, '곰 : 놈', '남 : 담' 등의 단어 쌍 대립을 통해 'ㄱ, ㄴ, ㄷ' 등이 모두 국어의 음운임을 확인할 수 있다.

2.2.2. 자음과 모음의 차이

위에서 우리는 음운에 대하여 알아보았다. 음운에는 자음과 모음이 대표적이며 이중모음 '야[ya]', '와[wa]' 등의 일부를 이루는 반모음 'y, w'가 더 존재한다. 자음과 모음은 폐에서 나오는 기류가 방해받는 정도의 차이에 의해 구별되는데, 그 기준이 상대적이라는 것을 염두에 두어야 한다. 자음은 상대적으로 기류가 방해를 많이 받으면서 만들어지는 소리이고, 모음은 상대적으로 기류가 방해를 덜 받으면서 만들어지는 소리이다. 자음의 경우, 'ㅂ, ㄷ, ㄱ'의 발음을 준비(실제 발음 전)하여 보면, 각각 입술, 치조, 연구개에서 방해를 많이 받는다는 것을 알 수 있다. 모음의 경우 '아, 우'를 길게 발음하면 각각 턱이 벌어지거나 입술이 나오거나 하지만, 기류의 방해는 자음에 비해 상대적으로 덜 받는다는 것을 알 수 있다.

2.2.3. 자음의 분류

자음은 조음되는 위치와 조음되는 방법에 따라 구분할 수 있다. 자음은 상대적으로 기류의 방해를 많이 받는다고 하였는데, 기류가 방해를 받는 위치에 따라 소리가 달라지므로 이를 분류의 기준으로 삼는다. 또한 자음은 조음되는 방법에 따라 달라지기도 하는데, 가령 특정 위치를 막았다가 터지는 소리인 'ㄱ'은 한번에 공기가 나가면서 짧게 발음되지만, 특정 위치에 마찰을 일으키는 'ㅅ'과 같은 소리는 기류의 흐름이 끊어지지 않는 한, 계속하여 소리를 낼 수 있다. 이처럼 자음은 조음되는 위치와 방법에 따라 다양하게 나타난다.

조음 위치에 따른 분류 국어의 자음을 조음 위치에 따라 분류하면 '양순음, 치조음, 경구개음, 연구개음, 후음'으로 분류할 수 있다. 먼저 양순음은 입술이 닿았다가 떨어질 때 발음되는 소리이다. 여기에는 'ㅂ, ㅃ, ㅍ'과 'ㅁ'이 있다. 'ㅂ, ㅃ, ㅍ'은 기류가 구강으로 흐르고 'ㅁ'은 기류가 비강으로 흐르는 차이가 있을 뿐 조음되는 위치는 공통적으로 두 입술이다. 양순음은 자음 중에서 가장 앞에서 발음되기 때문에 아기들이 모국어를 배울 때 가장 빨리 습득하는 음이라고 알려져 있다.

치조음은 혀끝이 윗니 뒤의 치조 부분에 닿거나 근접하여 발음되는 소리이다. 여기에는 'ㄷ, ㅌ, ㄸ'과 'ㅅ, ㅆ' 그리고 'ㄴ'과 'ㄹ' 등이 있다. 'ㄷ, ㅌ, ㄸ'은 혀끝이 치조 위치를 막아 공기를 밀폐시켰다가 터뜨리는 소리이다. 'ㅅ, ㅆ'은 혀끝이 치조에 근접하면서 마찰을 일으키는 소리이며 'ㄴ'은 'ㄷ'과 동일하게 조음하되, 목젖이 아래로 내려 와서 비강으로 공기가 흐르는 소리이다. 'ㄹ'은 혀끝이 치조에 닿되 마찰이나 완전한 폐쇄가 일어나지 않고 공기가 혀 옆으로 흐르면서 조음되는 소리이다.

경구개음은 전설(혀의 앞부분)이 경구개에 닿았다가 떨어지면서 발음되는 소리이다. 국어에는 'ㅈ, ㅊ, ㅉ'이 있는데, 정확히 하면, 'ㅈ, ㅊ, ㅉ'은 경구개보다는 좀 더 앞쪽에서 발음되는 것이 일반적이다.

연구개음은 후설(혀의 뒷부분)이 연구개에 닿았다가 떨어지면서 발음되는 소리이다. 국어에는 'ㄱ, ㅋ, ㄲ'과 'ㅇ'이 있다. 'ㄱ, ㅋ, ㄲ'과 'ㅇ'의 차이는 'ㅂ, ㅍ, ㅃ'과 'ㅁ', 'ㄷ, ㅌ, ㄸ'과 'ㄴ'의 차이와 동일하다. 즉, 'ㅇ'은 공기가 비강으로 흐르는 소리이다.

후음은 후두, 더 정확히는 후두의 성대 사이인 성문을 이용하여 내는 소리로서, 성대를 근접시켜 그 사이로 마찰을 일으켜 발음한다. 국어에는 'ㅎ'이 있다. 후음은 성문을 이용하므로 성문음이라고도 한다.

조음 방법에 따른 분류 국어의 자음을 조음 방법에 따라 분류하면 크게 '장애음'과 '공명음'으로 분류할 수 있다. 기류가 구강이나, 비강 등에서 상대적으로 자유롭게 흐르는 음을 공명음이라고 하고 그렇지 않은 음을 장애음이라고 한다. 장애음과 공명음은 다시 '파열음, 마찰음 파찰음'과 '비음, 유음'으로 각각 분류할 수 있다. 또한 장애음 중 '파열음, 마찰음, 파찰음'은 '평음, 유기음, 경음'으로 하위 분류할 수 있다. 아래에서 이들을 살펴보기로 한다.

파열음은 폐에서 나오는 기류를 완전히 차단했다가 한꺼번에 터트려서 내는 자음으로 'ㅂ/ㅍ/ㅃ, ㄷ/ㅌ/ㄸ, ㄱ/ㅋ/ㄲ' 등이 있다. 이들 자음은 '폐쇄-지속-파열'의 세 단계를 거친다. 치조음 'ㄷ'를 예로 들어 세 단계를 설명하면 다음과 같다.

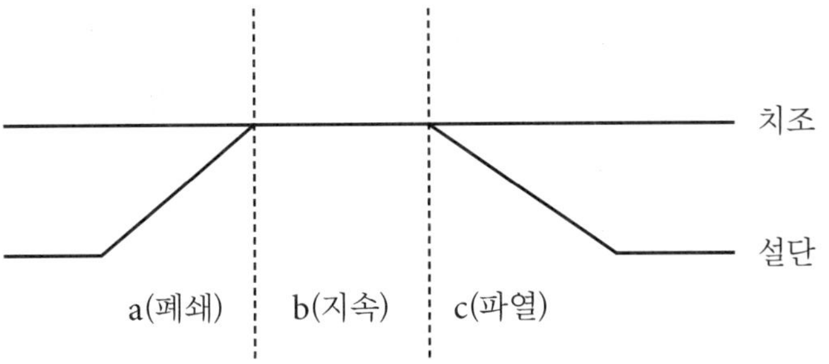

〈파열음 'ㄷ'의 파열 과정〉

위 그림은 치조의 위치에서 파열되는 자음 'ㄷ'의 파열 과정을 나타낸 것이다. 위쪽 굵은 가로선은 치조를 나타낸 것이고, 아래 굵은 선은 치조에 설단(혀의 앞쪽 끝부분)이 올라 가서 닿는 모습을 나타낸 것이다. 이 그림에서 (a)는 폐쇄의 과정을 나타낸 것으로 설단이 치조에 가서 닿아 폐쇄가 이루어지는 과정이다. (b)는 이러한 폐쇄가 지속되면서 기류의 압력이 증가하는 과정이며, (c)는 폐쇄된 치조 부분이 열리면서 파열되는 과정이다. 파열음은 이러한 과정을 모두 겪는다. 파열음은 이 세 단계 중에서 '폐쇄'의 과정을 중시하여 '폐쇄음'이라는 용어를 사용하기도 한다.

마찰음은 조음 기관이 닿지 않을 만큼만 근접하여 만들어진 틈 사이로 공기가 마찰을 일으키며 발음되는 음으로 'ㅅ, ㅆ, ㅎ' 등이 있다. 마찰음은 공기의 흐름이 단절되지 않기 때문에 기류가 계속 흐르는 동안에는 발음이 가능하다.

파찰음은 조음 기관이 맞닿으면서 공기를 폐쇄시켰다가 개방하면서 발음한다는 점에서 파열음과 비슷하다. 그러나 파열음은 개방 단계에서 공기를 한꺼번에 터트리지만 파찰음은 통로를 조금만 열어서 공기가 마찰을 일으키도록 한다는 점에서는 마찰음과 비슷하다고 할 수 있다. '파찰음'이라는 용어도 이러한 음성적 성격이 반영되어 있는데, '파열음'의 '파'와 '마찰음'의 '찰'이 결합하여 만들어진 용어이다. 국어의 파찰음에는 'ㅈ, ㅊ, ㅉ'이 있다.

비음은 구강에서는 폐쇄가 일어나지만 공기는 비강으로 계속 흐르면서 비강을 울리는 소리이다. 국어의 비음에는 'ㅁ, ㄴ, ㅇ'이 있다. 기류가 비강으로 흐르며 나는 소리이므로 코를 막으면 더 이상 발음되지 못한다.

유음은 기류가 물 흐르듯이 흐르며 발음되는 소리로서 국어에는 'ㄹ'이 있다. 유음에는 설측음과 탄설음이 있는데, 설측음은 혀를 치조에 대고 혀의 옆쪽으로 기류를 통하게 하는 소리로, '달'의 음절말 'ㄹ' 소리이며, 탄설음은 혀끝이 치조를 한번 살짝 칠 때 나는 소리로, '아라'의 음절초 'ㄹ' 소리가 이에 해당된다.

끝으로 살펴볼 것에 유기음과 경음이 있다. 유기음은 평음을 발음할 때보다 성문 아래에서 공기를 더 많이 압축했다가 내보낼 때 발음된다. 입에 손등을 가까이 하고 '바'와 '파'를 발음해 보면 기류의 양 차이를 느낄 수 있다. 유기음 'ㅍ'이 포함된 '파'가, 평음 'ㅂ'이 포함된 '바'를 발음할 때보다 기류의 양이 많이 나온다는 것을 알 수 있다. 경음은 평음을 발음할 때보다 후두 주변의 근육을 더 긴장시켜 성문을 강하게 폐쇄하여 발음한다. 유기음의 경우와 마찬가지로 평음과 경음의 차이도 쉽게 알 수 있는 방법이 있다. 손가락을 후두에 대고 '바빠'와 '다따'를 발음해 보면 후두 주변의 근육이 긴장하는 정도에 차이가 있음을 느낄 수 있다.

이상의 자음 분류를 포괄하여 표로 나타내면 다음과 같다.

조음방법 \ 조음위치			양순음	치조음	경구개음	연구개음	후음
장애음	파열음	평 음	ㅂ	ㄷ		ㄱ	
		유기음	ㅍ	ㅌ		ㅋ	
		경 음	ㅃ	ㄸ		ㄲ	
	마찰음	평 음		ㅅ			
		유기음					ㅎ
		경 음		ㅆ			
	파찰음	평 음			ㅈ		
		유기음			ㅊ		
		경 음			ㅉ		
공명음	비음	-	ㅁ	ㄴ		ㅇ	
	유음	-		ㄹ			

2.2.4. 모음의 분류

모음도 자음과 마찬가지로 일정한 분류 기준을 두고, 그에 따라 분류하는 것이 일반적이다. 모음은 '혀의 위치'와 '입술 모양'을 분류 기준으로 설정하여 분류한다. 혀의 위치는 정확히 말하면 혀의 최고점이 놓이는 자리를 말한다. 대부분의 경우 '전후 위치'와 상하 '높낮이'를 구분하여 두 개의 분류 기준으로 하위 분류한다. '입술 모양'은 입술을 동그랗게 오므리는지의 여부를 중시하는 분류 기준이다. 이상의 세 가지 분류 기준을 가지고 모음들의 대립 관계를 규정하게 된다.

단모음 발음할 때 입의 모양이나 혀의 위치가 변하지 않는 모음이 단모음이다. '아 : 야'의 대비에서 입의 모양이 끝까지 변화하지 않는 모음인 '아'는 단모음이며, '이'와 비슷한 입 모양으로 시작하여 '아'와 비슷한 입 모양으로 변화하는 모음인 '야'는 이중모음이다. 여기서 우선 다루는 분류 기준은 단모음에 해당하는 것들이며 열 개의 단모음 체계를 상정하여 알아본다.

1) 혀의 높낮이에 의한 분류

혀의 높낮이에 의하여 모음을 분류하면 고모음, 중모음, 저모음으로 나누어진다. 고모음은 혀의 최고점이 가장 위쪽에 놓이는 모음이다. 공기가 방해를 일으키지 않을 만큼의 범위 내에서 혀의 높낮이가 가장 높고 입이 가장 적게 벌어진다. 이 고모음보다 혀의 높이가 낮은 것이 중모음이며, 혀의 높낮이가 가장 낮고 입이 가장 많이 벌어지는 것이 저모음이다. 이상을 표로 나타내면 다음과 같다.

구분	특징	예
고모음	혀의 높이가 가장 높음 입은 가장 적게 벌어짐	이, 으, 위, 우
중모음	혀의 높이가 중간임 입은 중간 정도 벌어짐	에, 어, 외, 오
저모음	혀의 높이가 가장 낮음 입은 가장 많이 벌어짐	애, 아

2) 혀의 전후 위치에 의한 분류

혀의 전후 위치에 의하여 단모음을 분류하면 전설 모음과 후설 모음으로 나눌 수 있다. 전설 모음은 혀의 최고점이 앞쪽에 놓이는데 그 위치는 대체로 경구개 부근이 된다. 후설 모음은 혀의 최고점이 뒤쪽에 놓이며 연구개 부근과 매우 가깝다. 국어의 전설 모음에는 '이, 에, 애, 위, 외'가 있고 후설 모음에는 '으, 어, 아, 우, 오'가 있다.

구분	특징	예
전설모음	혀의 최고점이 앞쪽(경구개 부근)에 놓임	이, 위, 에, 외, 애
후설모음	혀의 최고점이 뒤쪽(연구개 부근)에 놓임	으, 우, 어, 오, 아

3) 입술 모양에 의한 분류

입술의 모양에 의하여 국어의 단모음을 분류하면 원순 모음과 평순 모음의 두 부류로 나뉜다. 원순 모음은 입술을 둥글게 오므리는 모음이고 평순 모음은 입술을 둥글게 오므리지 않는 모음이다. 입술의 오므림은 윗입술과 아랫입술을 근접시키는 것, 입술의 좌우를 중앙으로 모으는 것, 입술을 앞으로 내미는 것의 세 가지 동작으로 이루어질 수 있다. 국어의 원순모음에는 '위, 외, 우, 오'가 있고, 나머지 모음들은 모두 평순 모음이다.

구분	특징	예
원순모음	입술이 동그랗게 오므라듦	위, 우, 외, 오
평순모음	입술이 펴짐	이, 으, 에, 어, 애, 아

이상의 단모음 분류 기준을 적용하여 국어의 단모음을 체계적으로 나타내면 다음과 같다. 이 표의 단모음은 모두 10개이다.

구분	전설모음		후설모음	
	평순모음	원순모음	평순모음	원순모음
고모음	이	위	으	우
중모음	에	외	어	오
저모음	애		아	

이중모음과 반모음 이중모음은 발음할 때 입의 모양이나 혀의 위치가 변하는 모음으로서, 반모음 'y, w'와 단모음의 결합으로 이루어진다. 반모음 'y, w'는 혀의 높낮이가 고모음보다 높으나, 단독으로 발음되지 못하고 다른 모음과 결합하여 발음된다. 반모음에는 '이' 모음과 유사한 'y'와 '오/우' 모음과 유사한 'w'가 있다. 'y'는 '야, 여, 요, 유' 등에 나타나고, 'w'는 '와, 워, 웨' 등에 나타난다.

2.2.5. 음절

음절은 보통 홀로 발음할 수 있는 최소의 단위라고 정의한다. 음운의 경우 단어의 어휘 변별력 유무에 초점을 둔다면 음절은 독자적으로 발음을 할 수 있는 가능성을 중시한다. 자음이나, 모음이 홀로 음절을 이룰 수 있을 때 그 음을 성절음이라고 하는데, 국어에서는 모음만 홀로 음절을 이룰 수 있다. 따라서 음절의 수는 모음의 수와 일치한다.

음절은 음운 현상을 이해하는 데에 꼭 필요한 개념이므로 중요하다. 음절초에는 자음이 하나만 올 수 있다는 것을 국어 화자라면 알 수 있다. 마찬가지로 음절말에도 자음이 역시 하나만 올 수 있다. 음절말에 올 수 있는 자음의 개수와 관련하여 다음의 예를 보자. 표기상 체언 어간 '닭'은 어간말에 'ㄹ'과 'ㄱ'이 함께 있으나 발음 가능 단위인 음절로 발음될 때에는 '[닥]'으로 발음되며, 방언에 따라 '[달]'로도 발음될 수는 있어도 '*[다ㄹㄱ]'으로 발음되지는 않음을 알 수 있다. 음절말에 올 수 있는 자음의 종류 역시 제한적인데, 가령 '짚'은 실제 음절로 발음될 때에는 '[집]'으로 발음되며, '*[지프]' 또는 '*[지ㅍ]'으로 발음되지는 않는다. 음절말에 올 수 있는 자음의 종류는 평음의 파열음 'ㅂ, ㄷ, ㄱ' 셋과 비음 'ㅁ, ㄴ, ㅇ', 유음 'ㄹ' 등 모두 7개이며 이들은 모두 음절말에 하나씩 올 수 있다.

제3장

제약과 음운규칙

3.1. 제약과 동화

3.1.1. 제약

음소는 위치에 따른 제약이 있다. 앞에서 보았듯이 음절말에 자음이 올 때, 그 위치에 올 수 있는 자음 7개 중에 하나의 자음으로 바뀌는데 이는 음절말에 가해지는 제약 때문이다. 이렇게 음소는 음절의 특정 위치에 놓이는 것에 따라 초성에 제약이 가해질 수 있고, 종성에 제약이 가해질 수도 있다. 이러한 제약은 위치에 따라서 나타날 수도 있으나, 음소와 음소끼리 연결될 때 가해지는 제약이 있을 수 있고, 단어의 첫머리에서 나타나는 제약도 있을 수 있다.

초성 제약 음절의 초성에 적용되는 제약으로 다음과 같은 것이 있다.

(1) 초성에 올 수 있는 자음의 최대 개수는 1개이다.
(2) 연구개 비음 'ㅇ'은 초성에 올 수 없다.

(1)은 음절의 초성에 오는 자음의 개수에 대한 제약이고 (2)는 음절의 초성에 오는 자음의 종류에 대한 제약이다. 국어의 형태소나 단어 중 두 개의 자음으로 시작하는 것이 없는 것은 (1)과 관련된 것이고, 'ㅇ'[ŋ]으로 시작하는 형태소나 단어가 없는 것은 (2)의 제약과 관련된 것이다. 그리하여 두 개의 자음으로 시작된 '*ㅃ'과 같은 형태소는 존재하지 않고, 연구개 비음 'ㅇ'으로 시작된 '*악[ŋak]'과 같은 음절도 국어에는 존재하지 않는다.

종성 제약 음절의 종성에 적용되는 제약으로 다음과 같은 것이 있다.

(3) 종성에 올 수 있는 자음의 최대 개수는 1개이다.
(4) 종성에는 'ㄱ, ㄴ, ㄷ, ㄹ, ㅁ, ㅂ, ㅇ'의 7종류만 올 수 있다.

(3)은 음절의 종성에 오는 자음의 개수에 대한 제약이고 (4)는 음절의 종성에 오는

자음의 종류에 대한 제약이다. 만약 (3)과 같은 제약을 어기게 되면 음절말의 자음이 하나 탈락하여 자음의 개수는 1개가 된다. 예를 들어 '핥+고→[할꼬], 삶+도→[삼:도]'에서와 같이 음절말에 'ㄹㅌ, ㄹㅁ'이 올 경우 둘 중 하나가 탈락하여, 제약에 위배되지 않는 음절로 바뀌게 된다. 그리고 (4)의 제약을 어기게 되면 음절말에 온 장애음은 'ㅂ, ㄷ, ㄱ' 중 하나의 자음으로 바뀌게 된다. 예를 들어 '숲#→[숩], 씻+고→[씯꼬], 꺾+지→[꺽찌]' 등에서 'ㅍ, ㅅ, ㄲ' 등은 각각 동일한 조음 위치의 평음의 파열음 'ㅂ, ㄷ, ㄱ'으로 바뀌게 된다.

음소 배열 제약 음소 배열 제약은 음소와 음소가 결합할 때 적용되는 제약이다. 국어의 음소 중에는 서로 인접할 수 없는 것들이 많은데, 이러한 사실들이 음소 배열 제약과 관련된다. 음소 배열 제약에는 다음과 같은 것이 있다.

(5) **평파열음 뒤에는 평장애음이 올 수 없다.**
(6) **'ㄹ+ㄴ'의 연쇄는 올 수 없다.**

(5)는 평파열음 'ㅂ, ㄷ, ㄱ' 뒤에 평음인 장애음 'ㅂ, ㄷ, ㄱ, ㅅ, ㅈ'이 올 수 없다는 제약이다. 이 제약을 어기면 뒤에 오는 평장애음은 경음으로 바뀌게 된다. 예를 들어 '믿+고→[믿꼬], 먹+소→[먹쏘], 업+지→[업찌]' 등과 같이 후행하는 평장애음은 각각 'ㄲ, ㅆ, ㅉ' 등으로 바뀌게 된다.

(6)은 유음 'ㄹ' 뒤에 비음 'ㄴ'이 올 수 없다는 제약이다. 이 제약을 어기면 후행하는 'ㄴ'이 'ㄹ'로 바뀐다. '칼+날→[칼랄], 달+나라→[달라라]'에서 알 수 있듯이 비음 'ㄴ'이 'ㄹ'로 바뀐다.

어두 제약 어두 제약은 단어의 첫머리에 적용되는 제약으로 다음과 같은 제약이 존재한다.

(7) **'ㄹ'은 어두에 올 수 없다.**
(8) **어두에서 '이'나 'y' 앞에 'ㄴ'이 올 수 없다.**

(7)은 'ㄹ'이 단어의 첫머리에 올 수 없다는 제약이다. 이 제약을 어기면 'ㄹ'이 'ㄴ'으로 바뀌거나 탈락한다. 예를 들어 '로동(勞動)→[노동]'에서와 같이 어두의 'ㄹ'이 'ㄴ'으로 바뀌거나, '리발(理髮) →니발→[이발]'에서와 같이 최종적으로 'ㄹ'이 탈락한다. (8)은 단어의 첫머리에 '니'나 '냐, 녀, 뇨, 뉴'와 같은 음운 연쇄가 올 수 없다는 제약이다. 이 제약을 어기면 'ㄴ'이 탈락한다. '닉명(匿名)→[잉명], 냥반(兩班)→[양반]'에서와 같이 'ㄴ'이 '이'나 반모음 'y' 앞에서 탈락하게 된다. 이 어두와 관련된 제약은 고유어나 한자어에만 적용된다. 그리하여 고유어 중에는 이 제약을 어기는 형태가 발견되지 않으며, 한자어의 경우에는 소위 두음 법칙이 적용되어 위와 같은 예가 나타나게 되는 것이다. 한편 외래어는 어두 제약의 적용 대상에서 제외되어 'ㄹ'로 시작하는 '라면, 리듬, 뉴스' 등과 같은 단어가 존재할 수 있다.

3.1.2. 동화

동화는 성질이 다른 두 소리가 서로 영향을 주고받아서 같아지거나 비슷해지는 현상이다. 사람과 사람 사이에도 자주 만나게 되면 서로의 취미나 성격 등도 닮아 가는 경향이 있는데 음운의 경우에도 이러한 동화가 많이 발견된다. 동화를 입는 음을 피동화음, 동화를 시키는 음을 동화음이라고 한다. 앞에서 본 '달나라→달라라'의 경우를 보면, 'ㄹ'의 뒤에서 'ㄴ'이 'ㄹ'로 동화되었다고 할 수 있다. 이때 동화를 입은 피동화음은 'ㄴ'이 되고, 동화를 시킨 동화음은 'ㄹ'이 된다. 동화 현상은 세 가지 기준에 따라 구분하는 방식이 일반화되어 있다. 동화의 방향에 따라, 동화의 정도에 따라, 동화의 거리에 따라 동화를 세분할 수 있다.

동화의 방향 동화의 방향에 따라 순행 동화와 역행 동화를 구분할 수 있다. 동화를 시키는 동화음이 선행하여 후행하는 피동화음에 영향을 주는 것이 순행 동화이고, 동화음이 후행하여 선행하는 피동화음에 영향을 주는 것이 역행 동화이다.

(9) 순행 동화: 앞 요소가 뒤 요소를 동화시킴.
칼날→[칼랄], 달나라→[달라라]

(10) 역행 동화: 뒤 요소가 앞 요소를 동화시킴.

신라→[실라], 전력→[절력]

(9)는 동화음 'ㄹ'이 후행하는 피동화음 'ㄴ'에 순행적으로 영향을 주기 때문에 순행 동화이고, (10)은 동화음 'ㄹ'이 선행하는 피동화음 'ㄴ'에 역행적으로 영향을 주기 때문에 역행 동화라고 할 수 있다.

동화의 정도 동화의 정도에 따라 완전 동화와 부분 동화로 구분할 수 있다. 동화음과 피동화음이 같아지는 것이 완전 동화이고, 둘이 닮아가되 동일하지는 않은 것이 부분 동화이다.

(11) 완전 동화: 두 요소가 같아짐.

닫는→[단는], 묻는→[문는]

(12) 부분 동화: 두 요소의 일부 특성만 닮음.

잡는→[잠는], 입는→[임는]

(11)은 동화음 'ㄴ'과 피동화음 'ㄷ'이 완전히 같아져 'ㄴ'으로 된 것이기 때문에 완전 동화이고, (12)는 동화음 'ㄴ'에 피동화음 'ㅂ'이 닮아가되, 비음 'ㅁ'으로 변할 뿐, 'ㄴ'으로 변하지는 않았기 때문에 부분 동화라고 할 수 있다.

동화의 거리 동화의 거리에 따라 직접 동화와 간접 동화로 구분할 수 있다. 동화음과 피동화음이 직접 인접하여 있으면 직접 동화이고, 동화음과 피동화음 사이에 다른 음운이 개재되어 있으면 간접 동화이다.

(13) 직접 동화: 두 요소가 맞닿아 있음.

입는→[임는], 맏이→[마지]

(14) 간접 동화: 두 요소 사이에 다른 요소가 끼어 있음.

남비→[냄비], 서울나기→서울내기[서울래기]

(13)에서 '입는'의 경우 동화음 'ㄴ'과 피동화음 'ㅂ'이 인접하여 있고, '맏이'의 경우 동화음 '이' 모음과 피동화음 'ㄷ'이 인접하여 있다. 두 요소 사이에 다른 음운이 개재되어 있지 않으므로 이들은 직접 동화의 예에 속한다. (14)에서는 동화음 '이' 모음이 피동화음 '아'와 '어'에 영향을 주되, 둘 사이에 개재 자음 'ㄱ'이 있으므로 간접 동화에 속한다. 이상을 정리하여 제시하면 다음과 같다.

구분	동화의 종류	예
동화의 방향	순행 동화	달나라→[달라라]
	역행 동화	신라→[실라]
동화의 정도	완전 동화	닫는→[단는]
	부분 동화	잡는→[잠는]
동화의 거리	직접 동화	맏이→[마지]
	간접 동화	남비→[냄비]

3.2. 음운규칙

앞서 살펴본 제약과 여기에서 다룰 음운규칙은 서로 밀접한 관련을 맺는다. 많은 음운규칙이 제약과 관련되어 실현되기 때문이다. 앞에서 우리는 종성 제약과 관련하여 종성에 올 수 있는 자음이 7종류라는 것을 알았다. 그 이외의 자음이 오면 7개 중 하나로 바뀐다. '꺾+지→[꺽찌]'에서와 같이 'ㄲ'은 종성 제약 때문에 'ㄱ'으로 바뀐다. 이것은 아래에서 살펴볼 음운규칙인 평파열음화와 관련을 맺는다.

음운규칙은 크게 '대치, 탈락, 첨가, 축약, 도치' 등으로 구분한다. 한 음운이 다른 음운으로 바뀌면 '대치'로 분류하고, 두 음운 중 하나가 탈락하면 '탈락'으로 분류한다. 없던 음운이 새로이 추가되면 '첨가'로 분류하고, 두 음운이 각각의 성질 일부를 닮은 하나의 음운으로 줄어들면 '축약'으로 분류한다. 마지막으로 두 음운의 순서가 바뀌면 '도치'로 분류한다. 이에 따라 음운규칙을 분류한 뒤 세부적으로 살펴본다.

3.2.1. 대치

평파열음화 평파열음화는 국어의 음절말에 올 수 없는 장애음이 평음의 파열음으로 바뀌는 음운 현상을 말한다. 이 현상은 음절의 종성에 올 수 있는 자음의 종류를 제한하는 제약 때문에 일어난다. 자음 19개 중 종성에 올 수 있는 것은 7개뿐이며, 그 중에서 평파열음은 'ㅂ, ㄷ, ㄱ' 세 개이며 나머지 넷은 공명음 'ㅁ, ㄴ, ㄹ, ㅇ'이다. 이 중에서 평파열음 'ㅂ, ㄷ, ㄱ' 이외의 장애음이 음절 종성에 오면 'ㅂ, ㄷ, ㄱ' 중에 하나의 자음으로 바뀐다.

(15) ㅍ→ㅂ

앞#→[압], 높+고→(<u>놉고</u>)→[놉꼬], 잎+도→(<u>입도</u>)→[입또]

(16) ㅌ, ㅅ, ㅆ, ㅈ, ㅊ, ㅎ→ㄷ

밑#→[믿], 웃+고→(<u>욷고</u>)→[욷꼬], 있+다→(<u>읻다</u>)→[읻따]

젖#→[젇], 빛+도→(<u>빋도</u>)→[빋또], 놓+는→(<u>녿는</u>)→[논는]

(17) ㅋ, ㄲ→ㄱ

부엌#→[부억], 겪+다→(<u>격다</u>)→[격따]

위의 예들은 모두 평파열음화의 예이다. 주목할 점은 평파열음화를 겪을 때, 변화 전후의 자음은 대체로 동일한 조음 위치의 자음이다. 양순음은 양순 파열음 'ㅂ'으로, 치조음은 치조 파열음 'ㄷ'으로, 연구개음은 연구개 파열음 'ㄱ'으로 바뀜을 알 수 있다. 이러한 경향에 예외가 되는 것이 (16)의 'ㅈ, ㅊ'과 'ㅎ'이다. 이들은 모두 치조 파열음 'ㄷ'으로 바뀐다는 점에서 예외적이다.

비음 동화 비음 동화는 장애음이 비음 앞에서 비음으로 바뀌는 음운 현상이다. 평파열음화를 겪은 장애음 'ㅂ, ㄷ, ㄱ'이 'ㄴ, ㅁ' 등의 비음 앞에서 각각 동일한 조음 위치의 비음 'ㅁ, ㄴ, ㅇ'으로 바뀌는 것이다. 비음 동화는 국어에서 예외 없이 적용되며 단어와 단어 사이에서도 적용된다. 아래 (21)의 예가 단어와 단어 사이에서 비음 동화가 적용된 예이다.

(18) ㅂ→ㅁ

잡+는→[잠는], 집+만→[짐만]

(19) ㄷ→ㄴ

닫+는→[단는], 낟+만→[난:만]

(20) ㄱ→ㅇ

익+는→[잉는], 책+만→[챙만]

(21) **단어 사이**

밥 만들다→[밤만들다], 밭 맨다→(받맨다)→[반맨다], 책 넣다→[챙 너타]

유음화 유음화는 'ㄹ'과 'ㄴ'이 인접할 때 'ㄴ'이 'ㄹ'로 바뀌게 되는 현상이다. 여기에는 두 가지 유음화가 있다. 음운 연쇄가 'ㄹ+ㄴ'인가, 'ㄴ+ㄹ'인가에 따라 달라지는데 전자의 경우는 동화음 'ㄹ'이 선행하므로 순행적 유음화라 할 수 있고, 후자는 동화음 'ㄹ'이 피동화음 'ㄴ'에 후행하므로 역행적 유음화라 할 수 있다. 어떠한 경우이든 결과는 'ㄹ+ㄹ' 연쇄로 바뀌는 유음화에 속한다.

(22) **순행적 유음화: 앞에 있는 'ㄹ'의 영향이 뒤에 있는 'ㄴ'에 미침.**

별+님→별림, 물+난리→물랄리

(23) **역행적 유음화: 뒤에 있는 'ㄹ'의 영향이 앞에 있는 'ㄴ'에 미침.**

한자어: 논리→[놀리], 분량→[불량]

외래어: 먼로→[멀로], 핀란드→[필란드]

(23)은 역행적 유음화의 예이다. (23)에서 보듯이 역행적 유음화는 고유어에서는 일어나지 않고 한자어나 외래어에서 일어난다. 'ㄴ'으로 끝난 고유어 형태소 뒤에 'ㄹ'로 시작하는 고유어 형태소가 결합하는 경우가 있어야 역행적 유음화의 적용 환경이 성립되는데 고유어에서는 그러한 환경이 존재하지 않는다.

구개음화 구개음화는 'ㄷ, ㅌ, ㄸ'이 단모음 '이'나 반모음 'y' 앞에서 경구개음 'ㅈ, ㅊ, ㅉ'으로 각각 바뀌는 현상이다. '이'나 'y'는 조음 위치가 경구개음과 비슷한 위치이므로 결국 구개음화는 'ㄷ, ㅌ, ㄸ'이 경구개 부근에서 조음되는 '이, y'에 닮아가서 경구개음 'ㅈ, ㅊ, ㅉ'으로 되는 일종의 동화 현상으로 파악할 수 있다. 국어의 구개음화는 'ㄷ' 계열이 'ㅈ' 계열로 변화하는 ㄷ-구개음화를 주로 가리킨다. 다만, 방언에 따라 ㄱ-구개음화(기름 > 지름), ㅎ-구개음화(형 > 성)도 존재한다.

(24) **ㄷ-구개음화: 치조 파열음인 'ㄷ, ㄸ, ㅌ'가 '이, y'의 앞에서 'ㅈ, ㅉ, ㅊ'로 바뀜.**

텬디>천지, 티다>치다(打)

밭+이→[바치], 굳+이→[구지]

'이' 모음 역행 동화 '이' 모음 역행 동화는 후설모음이 '이, y' 앞에서 전설모음으로 바뀌는 음운 현상이다. 이러한 변화는 동화음 '이, y'가 피동화음인 후설모음보다 뒤에 있으므로 명칭에서 알 수 있듯이 역행 동화에 해당한다. 또한 동화음 '이, y'와 피동화음인 후설 모음 사이에 게재 지음이 필요한 간접 동화이다. 이때의 개재 자음은 주로 양순음이나 연구개음인 경우가 많다.

(25) **풋나기>풋내기, 남비>냄비**

(25)는 '이' 모음 역행 동화가 일어난 예이다. 개재 자음과 관련하여, '풋내기'에서는

연구개음 'ㄱ'이 피동화음 '아'와 동화음 '이' 사이에 개재되어 있고, '냄비'에서는 양순음 'ㅁ'과 'ㅂ'이 피동화음과 동화음 사이에 개재되어 있음을 알 수 있다. '이' 모음 역행 동화가 적용된 형태소는 대부분 표준어가 아니다. 오히려 방언에서 '죽이다>쥑이다, 학교>핵교' 등과 같이 나타나는 경우가 많다.

3.2.2. 탈락

자음군 단순화 자음군 단순화는 음절 종성에 자음이 두 개 놓일 때 그 중 하나를 탈락시키는 음운 현상이다. 국어의 음절 종성 제약에 따르면 종성에서 발음 가능한 자음의 최대 개수는 1개이다. 서로 다른 형태소가 결합하는 과정에서 종성에 두 개의 자음이 놓이게 되면 자음군 단순화가 적용되어 음절의 종성 제약을 어기지 않게 된다. (26)에서 자음군 단순화의 예를 볼 수 있다.

(26) **값+도→[갑또], 앉+는→[안는], 삶+만→[삼:만], 닭#→[닥]**

자음군 단순화가 이루어지는 양상은 매우 다양하다. (26)에서 보듯이 '값도, 앉는'에서는 음절말 두 자음 중 후행하는 자음이 탈락하고, '삶만, 닭'에서는 선행하는 자음이 탈락된다. 이러한 탈락 양상은 매우 복잡하므로 여기서는 다루지 않기로 한다. 다만, 자음군 'ㄺ'는 뒤에 오는 자음의 종류에 따라 달라진다. 'ㄹㄱ' 뒤에 연구개음 'ㄱ'이 오면 'ㄺ' 중에서 'ㄱ'이 탈락하고((27) 참조), 'ㄹㄱ' 뒤에 그 외 자음이 오면 'ㄺ' 중에서 'ㄹ'이 탈락한다((28) 참조). 다만, 체언은 모든 경우에 'ㄺ'에서 'ㄹ'이 탈락한다((29) 참조).

(27) **'ㄺ+ㄱ'의 경우 'ㄺ' 중 'ㄱ' 탈락**
읽+게→[일께], 읽+고→[일꼬]

(28) **'ㄺ+그 외 자음'의 경우 'ㄺ' 중 'ㄹ' 탈락**
읽+다→[익따], 읽+지→[익찌], 읽+는→익는(→[잉는])

(29) **체언의 경우**

닭+도→[닥또], 흙+과→[흑꽈]

유음 탈락 유음 탈락은 유음 'ㄹ'이 'ㄴ, ㅅ' 등의 자음 앞에서 탈락하는 현상을 말한다.

(30) **알+는→[아:는], 알+으시는→(알시는)→[아:시는]**

(31) **솔+나무→[소나무], 활+살→[화살], 바늘+질→[바느질], 달+달→[다달]**

(30)은 용언 어간에 적용되는 유음 탈락의 예로 'ㄴ, ㅅ' 앞에 오는 어간말의 'ㄹ'이 탈락되는 것을 보여 준다. '알+으시는'의 경우 어간말 'ㄹ' 뒤에서 어미초 '-으'가 탈락하고 ('알+으면→알면' 참조) '알+시는'의 결합 형태가 만들어진 구조에서 'ㅅ' 앞에 'ㄹ'이 탈락하여 '[아:시는]'이 되었다. (31)은 복합어가 형성되는 과정에서 일어나는 유음 탈락의 예이다. 이때에는 'ㄴ, ㅅ' 앞에서 탈락하는 것과 더불어 'ㅈ, ㄷ' 앞에서도 탈락된다.

3.2.3. 첨가

ㄴ-첨가 ㄴ-첨가는 자음으로 끝나는 형태소 뒤에 단모음 '이'나 반모음 'y'로 시작하는 형태소가 올 때 그 사이에 'ㄴ' 소리가 덧나는 현상을 말한다.

(32) **꽃잎→(꼳입)→(꼳닙)→[꼰닙], 솜이불→[솜니불]**

(33) **위장약→[위장냑], 경산역→[경산녁]**

위에서 보듯이 ㄴ-첨가는 선행하는 형태소가 자음으로 끝나고 후행하는 형태소가 (32)에서와 같이 '이'로 시작하거나, (33)에서와 같이 'y'로 시작할 때 적용된다. 물론 (32)에서와 같이 ㄴ-첨가가 적용되기 전후로 다른 음운규칙이 ㄴ-첨가 규칙보다 먼저 적용되거나, 나중에 적용되기도 한다. (32)에서는 음절말에서 평파열음화가 먼저 적용되어 'ㅊ'이 'ㄷ'으로 바뀌어 '꽃→꼳'으로 되었고 'ㅍ'이 'ㅂ'으로 바뀌어 '잎→입'이 되었다. 이후 ㄴ-첨가가 적용되어 '꼳ㄴ입(꼳닙)'이 된 뒤, 비음 동화가 적용되어 'ㄷ'이 'ㄴ' 앞에서 'ㄴ'으로 바뀌어 최종 발음은 '[꼰닙]'이 된 것이다.

반모음 y-첨가 반모음 y-첨가는 전설 모음으로 끝나는 어간 형태소에 어미 '-어'가 연결될 때 그 사이에 반모음 y가 첨가되는 현상이다.

(34) **(꽃이) 피+어**→[피어]~[피여]

(35) **(학생이) 되+어**→[되어]~[되여]

위의 예를 보면 어간 형태소의 모음은 전설 모음 '이, 외'이다. 이들에 어미 '-어'가 연결될 때 '이, 외'와 '어' 사이에 'y'가 첨가되었다. 방언에서는 '이, 외' 이외에 다른 전설 모음 '에, 애, 위'로 끝나는 어간 형태소가 어미 '-어'와 연결될 때, '(불에) 데여, (날씨가) 개여, (빨리) 뛰여' 등과 같이 'y'가 첨가되어 발음되기도 한다.

3.2.4. 축약

유기음화 유기음화는 동일 조음 위치의 유기음을 상관속으로 지니는 평음의 장애음 'ㅂ, ㄷ, ㄱ, ㅈ'이 'ㅎ'과 인접할 때 두 음이 합쳐져 유기음 'ㅍ, ㅌ, ㅋ, ㅊ'으로 실현되는 현상이다. 유기음화는 평음과 'ㅎ' 두 음운의 성격의 일부를 지닌 제3의 음운으로 실현되는 현상이므로, 음운의 수가 하나로 줄어들었지만 단순한 탈락이 아니고, 축약으로 볼 수 있다.

(36) **놓+고**→[노코], **좋+지**→[조:치]

(37) **먹히다**→[머키다], **좁히다**→[조피다]

(36)은 'ㅎ'이 평음의 앞에 있는 경우이고, (37)은 'ㅎ'이 평음의 뒤에 있는 경우이다. 어느 경우이든 이들은 두 음운이 축약되는 유기음화를 겪게 된다.

모음 축약 모음 축약은 일반적으로 연속하는 두 개의 단모음이 축약되어 다른 단모음으로 바뀌는 음운 현상이다. 이때 축약된 단모음이 단어의 첫 음절에 놓이는 경우에는 장음화가 동반되는 것이 보통이다. '아+이'는 '애'로 축약되고, '오+이'는 '외'로 축약되며, '우+이'는 '위'로 축약된다.

(38) '아+이>애'로 축약

사이>새[새:], 아이>애[애:]

(39) '오+이>외'로 축약

보이다>뵈다[뵈:다]

(40) '우+이>위'로 축약

누이다>뉘다[뉘:다]

축약이 될 때 자유로이 축약되는 것이 아니라 일정한 규칙이 있다. 예를 들어 후설 평순 저모음인 '아'와 전설 평순 고모음인 '이'가 축약되면 전설 평순 저모음인 '애'로 축약되는데 이 '애'는 '아'와는 전설 저모음의 성질을 공유하고 '이'와는 전설 평순 모음의 성질을 공유하고 있다. 즉 축약에 의하여 이루어진 모음은 축약되기 전의 두 모음의 성질의 일부를 공유하고 있는 것이다. 따라서 음운의 수가 줄어드는 단순한 탈락과는 다르다고 할 수 있다.

3.2.5. 도치

자음 도치, 모음 도치 도치는 두 개의 음운이 자리를 서로 바꾸는 음운 현상이다. 여기에는 자음 간 위치가 바뀌는 자음 도치와 모음 간 위치가 바뀌는 모음 도치가 있다. 국어의 도치는 다른 유형의 음운 현상과 비교할 때 규칙성이 떨어져서 그 사례가 적고 일반화하기도 어렵다.

(41) 'ㅂㄱ'의 순서가 'ㄱㅂ'로 바뀜. 'ㅂ'과 'ㄱ' 도치

빗복>(뱃복)>(뱃곱)>배꼽

(42) '야(ya)'의 '아'와 '로'의 '오' 순서가 '오'와 '아'의 순서로 바뀜. '아'와 '오' 도치

하야로비>해오라기

(41)은 자음 도치의 예이고, (42)는 모음 도치의 예이다. (41)에서는 '복'이 'ㅂㅗㄱ'의 순서에서 'ㄱㅗㅂ'의 순서로 도치되어 '곱'이 되었다. (42)에서는 모음 도치가 되기 전의 음절 '하야로'의 모음의 순서는 'hayalo'에서와 같이 제2음절과 제3음절이 '아'와 '오'의 순서였다. 그런데 이 두 모음이 도치가 되어 'hɛola'에서와 같이 '오'와 '아'의 순서로 위치가 바뀌었다.

제4장

형태소와 단어

4.1. 언어 단위의 분석과 형태소

4.2. 단어와 접사, 어미

4.3. 단어의 짜임새와 단어 형성

생각 깨우기 1

◈ '언니가 꽃다발을 주었어'를 나누어 어떠한 단위들이 있는지 살펴보자.

☞ 매 단계에서 두 부분으로 나누어 보자.
분석된 단위들이 홀로 쓰일 수 있는지, 다른 말에 붙어서 쓰이는지 살펴보자.
분석된 단위들이 뜻을 가지고 있는지 살펴보자.

생각 깨우기 2

◈ 다음에 대해 생각해 보자.

(1) '소설을 봤다'의 '을'과 '만화를 봤다'의 '를'은 다른 단위일까? 아니면 같은 단위의 다른 모습일까? 그렇게 볼 수 있는 근거는?

(2) '철수가 온다'의 '가'와 '할머니께서 오신다'의 '께서'는 어떠한가?

☞ 이들의 뜻 혹은 기능이 동일한지 살펴보자.
이들을 서로 바꾸어 쓸 수 있는가? 아니면 바꾸어 쓸 수 없는가?
이들은 각각 어떠한 경우에 올 수 있는지 조건을 찾아 보자.

4.1. 언어 단위의 분석과 형태소

4.1.1. 언어 단위의 분석

인간의 말은 더 작은 단위로 나눌 수 있다. 이처럼 말이 더 작은 단위로 나누어질 수 있는 특성을 언어의 '**분절성**'이라고 하며, 언어를 구성하는 다양한 단위들을 '**언어 형식**'이라고 한다.

• 형태소

언어 형식에는 좀더 큰 것도 있고 작은 것도 있다. 다음을 보자.

(1) 가. **언니가 꽃다발을 주었어.**
　　나. **언니가, 꽃다발을 주었어**
　　다. **꽃다발을, 주었어**
　　라. **언니, 가, 꽃, 다발, 을, 주, 었, 어**

(1가)의 '언니가 꽃다발을 주었어'는 그 자체로 하나의 언어 형식이다. (1나)에서 보듯이, '언니가 꽃다발을 주었어'는 '언니가'와 '꽃다발을 주었어'로 나뉘는데, '언니가'와 '꽃다발을 주었어'도 각각 하나의 언어 형식이며, (1다)는 '꽃다발을 주었어'가 다시 '꽃다발을'과 '주었어'로 나뉨을 보여 주는데, 이들도 각각 하나의 언어 형식이 된다.

(1라)는 '언니가 꽃다발을 주었어'를 작은 언어 형식들로 분석한 것인데, 이들을 더 작은 단위로 나누면 본래 가지고 있던 뜻을 잃게 된다. 따라서 (1라)에 나열한 언어 형식들은 '뜻을 가진 최소의 단위'라고 할 수 있는데, 이러한 단위를 '**형태소**'(morpheme)라고 부른다.

단어, 어절, 구, 절 위의 (1가)를 구성하고 있는 언어 형식들 중 '언니', '가', '꽃다발', '을', …… 등을 '**단어**'(word)라고 부른다('단어'의 정의에 대해서는 다음 절 참고). '언니', '가', '을'과 같은 단어들은 하나의 형태소로 이루어져 있으나, '꽃다발'은 두 개의 형태소로 이루어져 있는데, 이는 단어가 하나의 형태소로 이루어질 수도 있고 둘 이상의 형태소가 결합하여 이루어질 수도 있음을 보여 준다.

'언니가'는 두 단어로 이루어져 있으나('언니', '가'), (1가)에서 보듯이 붙여 씀으로써, 띄어쓰기의 단위가 되는데, 이처럼 띄어쓰기의 단위가 되는 언어 형식을 **'어절'**이라고 부른다. '꽃다발을 주었어'는 두 개의 어절로 이루어진 단위인데, 이처럼 두 개 이상의 어절이 결합하여 이루어진 언어 형식은 **'구'**(phrase)라고 부른다.

(2) [비가 와서] 집에서 쉬었어요

(2)의 [ ] 안에 있는 표현은 '비가'가 주어로 기능하고 '와서'가 서술어가 됨으로써 주어-서술어 구조를 갖추고 있으나, 전체 문장의 한 부분으로 쓰이고 있는데, 이처럼 주술구조를 갖추고 있으나, 전체 문장의 한 부분으로 쓰이는 언어 형식은 **'절'**(clause)이라고 부른다.

4.1.2. 형태소와 형태소의 유형

형태소의 교체와 이형태 하나의 형태소가 항상 동일한 꼴로 나타나는 것은 아니며, 어떤 말과 함께 쓰였는가에 따라(즉, 출현 환경에 따라) 꼴이 달라지는 경우가 흔히 있는데, 이를 **'교체'**(alternation) 또는 **'변이'**(variation)라고 부른다.

(3) 가. 철수는 그 가게에서 공책을 샀어요.
나. 영희는 그 가게에서 지우개를 샀어요.

(3)에서 '공책'과 '지우개'의 뒤에는 각각 '을'과 '를'이 결합해 있는데, 이들처럼 실제로 문장에 나타난 언어 형식을 **'형태'**(morph)라고 부른다.

(3가), (3나)의 '공책'과 '지우개'는 각각 철수와 영희가 산 물건이므로 '을'과 '를'은 동일한 기능을 수행하고 있다고 할 수 있다. 이는 동일한 기능(혹은 의미)임에도 불구하고, 출현 환경에 따라 형태의 꼴이 달라질 수 있음을 보여 준다. '형태소'란 의미(기능)는 동일하나 꼴이 다른 여러 형태들을 대표하는 추상적 단위를 가리키며, { } 안에 표기하

고(예: '{를}'), (3)의 '을', '를'은 형태소 {를}의 **'이형태'**(allomorpheme; 혹은 **'변이형'**)라고 한다.

어떤 형태들이 하나의 형태소의 이형태로 묶이기 위해서는 '동일한 의미(기능)'을 갖는다는 조건 외에, 출현 환경이 겹치지 않아야 한다는 조건을 충족하여야 한다. (3가)의 '을'은 '공책'처럼 받침이 있는 말(자음으로 끝나는 말)의 뒤에 쓰이고, (3나)의 '를'은 '지우개'처럼 받침이 없는 말(모음으로 끝나는 말)의 뒤에 쓰였는데, '공책'의 뒤에는 '를'이 올 수 없고, '지우개'의 뒤에는 '을'이 올 수 없다. 따라서 '을'과 '를'은 출현 환경이 겹치지 않는다고 할 수 있는데, 이러한 경우 '을'과 '를'은 **'상보적 분포'**(complementary distribution; 또는 **'배타적 분포'**)를 갖는다고 한다.

대부분의 변이는, (3)의 '을', '를'과 달리, 철자상으로 반영되지 않고 발음상의 차이만 보이므로 주의를 요한다. 다음의 예들을 분석하여 이형태들과 각각의 출현 환경을 제시해 보자.

(4) 가. 밥을 먹고 있어요; 밥을 먹었어요; 밥을 먹는다
나. 상을 받았어요; 손을 들었어요; 철수가 대답하였어요

(3)의 '을'과 '를', (4가)의 '먹-'의 변이형들은 출현 환경을 음운론적으로 나타낼 수 있는데, 이러한 이형태들을 **'음운론적으로 조건화된 이형태'**라고 부르며, (4나)의 '-였-'처럼 특정한 형태소의 뒤에만 나타나는 경우에는 **'형태론적으로 조건화된 이형태'**라고 부른다.

형태소의 유형 (1라)의 형태소 중 '언니', '꽃', '다발'처럼 자립적으로 쓰일 수 있는 형태소를 **'자립형태소'**라 하며, '가', '을', '주-', '-었-', …… 등처럼 앞이나 뒤에 다른 말이 반드시 와야 하는 형태소를 **'의존형태소'**라고 한다. 의존형태소는 다른 말이 와야 하는 위치에 '-'을 표시하나, 다만 조사인 경우에는 표시를 하지 않는 것이 관례이다.

한편 (1라)의 형태소 중 '언니', '꽃', '다발', '주-'처럼 어휘적 의미를 갖는 형태소를 **'실질형태소'**라고 하며, '가', '을', '-었-' 등과 같이 문법적 기능을 수행하는 문법형태소와 단어형성에 관여하는 파생접사를 묶어 **'형식형태소'**라고 부른다.

4.2. 단어와 접사, 어미

4.2.1. 단어의 정의

일반언어학적 정의 언어 형식들 가운데에는 홀로 쓰일 수 있는 것, 즉 자립하여 쓰일 수 있는 것도 있고, 자립하지 못하고 반드시 다른 말에 붙어서 쓰이는 것도 있다. 일반언어학적으로는 자립하여 쓰일 수 있는 최소의 언어 형식을 **'단어'**(word: 'minimal free form')라고 부른다.

어떤 언어 형식이 '홀로 쓰일 수 있다' 혹은 '자립하여 쓰일 수 있다'는 것은 그 형식의 앞과 뒤에 휴지(pause: 쉼, 끊어 말함)가 올 수 있다는 뜻이며, 이처럼 휴지가 올 수 있는 특성은 표기상 띄어쓰기로 반영된다. 앞의 (1가) '언니가 꽃다발을 주었어'에서 자립성이 있는 최소의 형식들은 '언니가', '꽃다발을', '주었어'이다.

국어 단어의 특수성 앞의 최소자립형식 중 '언니가'와 '주었어'는 각각 '언니+가'와 '주+었+어'로 분석된다. '언니가'의 '가'와 '주었어'의 '었', '어'는 모두 의존형태소이나, 전자는 앞에 오는 '언니'가 자립 형식이지만, 후자는 앞에 오는 '주-'가 자립 형식이 아니라는 점에서 차이가 있다.

국어학에서는 이러한 차이 및 생략가능성 등을 고려하여, '언니가'의 '가'가 자립 형식이 아님에도 불구하고, 별개의 단어로 간주하고 '조사'라고 부른다. 따라서 '언니가'는 두 단어로 분석되며, '주었어'는 한 단어로 간주된다. 국어학에서의 단어는, 기본적으로 최소자립형식을 단어로 간주한다는 점에서 일반언어학적 정의를 따르지만, 자립 형식이 아닌 조사도 별개의 단어로 간주한다는 점에서는 일반언어학적 정의와 차이가 있다.

국어 띄어쓰기의 단위 앞에서 국어 띄어쓰기의 단위가 되는 언어 형식이 '어절'임을 언급한 바 있다. 다음은 한글 맞춤법의 띄어쓰기에 관한 규정이다.

(5) 가. 제2항 문장의 각 단어는 띄어 씀을 원칙으로 한다.
  나. 제41항 조사는 그 앞말에 붙여 쓴다.

(5가)의 제2항은 국어 띄어쓰기의 '원칙적'인 단위가 단어임을 밝히고 있다.

조사가 단어로 간주되지 않는다면 (5나)의 제41항은 불필요하다. 조사는 자립 형식이 아니므로 앞말에 붙여 쓰는데, 만일 단어가 아니라면 이처럼 붙여 쓰는 것은 제2항에 따른 당연한 결과이므로 제41항이 필요하지 않은 것이다. 따라서 제41항은 단어임에도 불구하고 붙여 쓰는 경우가 있음을 밝힌 것으로, 조사가 단어로 간주됨을 고려한 것이라 할 수 있다.

제2항에 따라 국어 띄어쓰기의 '원칙적'인 단위는 단어이지만, 제41항을 고려하면 국어 띄어쓰기의 단위는 결과적으로 어절이 된다고 결론지을 수 있다.

'낱말', '어휘' '낱말'은 한자어인 '단어(單語)'에 대응하는 고유어로서, '단어'와 같은 의미로 보아도 무방하다. '어휘'는 개별적인 단어가 아니라, 대체로 특정 범위의 단어들의 묶음을 가리킨다. 예: 통신 어휘, 학습 어휘 등

4.2.2. 접사와 어미

자립성이 없는 형식은, 단어로 간주되는 조사를 제외하면, 모두 단어를 구성하는 부분으로 간주되며, 이들에는 파생접사, 어미 등이 있다.

(6) 가. <u>한</u>겨울, 먹<u>이</u>
　　나. 언니가 꽃다발을 주었어(주-<u>었</u>-<u>어</u>)

(6가)의 밑줄 친 부분들은 새로운 낱말을 만드는 기능을 가지고 있는 형식형태소로서 '**파생접사**'(줄여서 '접사'라고도 부름)라고 부른다. '한겨울'은 '추위가 한창인 겨울'을 뜻하며, 여기의 '한-'은 '큰', '정확한, 한창인' 등의 다소 추상적인 뜻을 더하면서 새로운 낱말을 만드는 형식형태소이다. '먹이'는 '먹을거리'를 뜻하며, 여기의 '-이'는 동사 '먹-'에 결합하여 추상적인 뜻을 더하면서 새로운 낱말을 만드는 형식형태소이다.

(6나)에서 '주었어'의 '주-'와 '-었-', '-어' 모두 자립성이 없으나, '주-'는 어휘적 의미를 가진 실질형태소로서 단어의 중심부를 형성하지만, '-었-'과 '-어'는 문법적 기능

을 수행하는 형식형태소이다. 이러한 형식형태소들을 **'어미'**(ending)라고 부른다.

접사와 어미의 차이 접사와 어미는 다음과 같은 점에서 차이를 보인다.

첫째, (6가)에서 보듯이 접사의 결합은 다양한 품사에서 나타나는 단어형성 과정이나, 어미의 결합은 (6나)에서처럼 용언(동사, 형용사, '이다')에서만 나타나는 문법적 과정이다.

둘째, (6가) '먹이'의 '-이'는 '먹-'이나 '놀-'에는 결합할 수 있으나, '듣-', '웃-' 등에는 결합할 수 없다는 점에서, 접사의 결합은 불규칙적이지만, (6나) '주었어'의 '-었-'과 '-어'는 '먹-', '놀-', '듣-', '웃-'은 물론이고 거의 모든 용언에 결합할 수 있다는 점에서, 어미의 결합은 규칙적이라고 할 수 있다.

셋째, (6가) '먹이'에서 보듯이, 접사의 결합으로 품사가 바뀌는 경우가 있지만(동사>명사), (6나)에서처럼 '-었-'이나 '-어' 등 어미가 결합할 때에는 품사가 바뀌지 않는다.

넷째, '아이가 달려가서 엄마 품에 안겼어(안-기-었-어)'의 '안겼어'에서 '-기-'는 접사이고, '-었-'은 어미이다. 이처럼 접사와 어미가 한 단어에 함께 나타나면 접사가 어미의 앞에 위치한다.

접사의 갈래 (6가)의 '한겨울'과 '먹이'에서, 접사인 '한-'은 '겨울'의 앞에 결합하였으며, '-이'는 '먹-'의 뒤에 결합하였음을 확인할 수 있다. '한-'처럼 다른 말의 앞에 위치하는 접사를 **'접두사'**라고 하며, '-이'처럼 다른 말의 뒤에 위치하는 접사는 **'접미사'**라고 부른다.

한편 (6가)의 '한겨울'과 '먹이'에서, '한-'은 명사 '겨울'에 결합하였으며, 그 결과 새로 생겨난 '한겨울' 역시 여전히 명사로서 품사를 바꾸지 않았으나, '-이'는 동사 '먹-'에 결합하여 명사가 되게 함으로써, 품사를 바꾸었음을 알 수 있다. '한-'처럼 품사를 바꾸지 않는 접사를 **'한정적 접사'**라고 하며, '-이'처럼 품사를 바꾸는 접사는 **'지배적 접미사'**라고 부른다. 접두사는 지배적 접사인 경우가 드무나, 접미사는 지배적 접사인 경우가 흔하다.

국어 어미의 분류 앞에서 어미의 결합은 용언(동사, 형용사, '이다')에서만 나타나는 문법적 과정이며 규칙적 현상임을 살펴본 바 있다. 예를 들어 '엄마가 선물을 주셨어'에서 동사인 '주셨어'는 '주-시-었-어'로 분석할 수 있는데, 여기의 '-시-'와 '-었-', '-어'는 각각 어미이며, 이들을 제외한 나머지 부분인 '주-'는 '**어간**'(stem)이라고 부른다. 용언 어간에 어미가 결합하는 것을 용언의 '**활용**'(inflection)이라고 한다. 교착어(또는 첨가어)에 속하는 국어는, 앞의 '주셨어'(주-시-었-어)에서 보듯이, 하나의 용언 어간에 흔히 둘 이상의 어미가 결합하여 쓰인다는 점이 중요한 특징의 하나이다.

국어의 어미는 단어 내에서의 위치에 따라 어말어미와 선어말어미로 나뉜다.

'주셨어'(주-시-었-어)에서 '-어'처럼 단어의 끝에 위치하는 어미를 '어말어미'라고 한다. 어말어미는 모든 용언에 반드시 있어야 하며, 하나만 나타난다.

한편, '주셨어'(주-시-었-어)의 '-시-'와 '-었-'처럼 어말어미의 앞에 위치하는 어미는 '**선어말어미**'라고 한다. 선어말어미는 '높임', '시간' 등의 문법적 개념을 나타내는데, 문장의 의미상 필요한 경우에는 '주셨어'(주-시-었-어)에서처럼 여러 개가 함께 쓰일 수 있으며, 필요하지 않은 경우에는 하나도 나오지 않을 수 있다. 예를 들어 '밥 먹어라'의 '먹어라'는 '먹-어라'로 분석할 수 있는데, 여기의 '먹어라'는 동사 어간 '먹-'과 어말어미 '-어라'의 결합으로 이루어져 있으며, 선어말어미를 포함하고 있지 않다.

국어의 주요 선어말어미에는 '높임'의 개념을 나타내는 '-시-', '-습-', 그리고 '시간 개념' 또는 '화자의 태도'를 나타내는 '-었-', '-겠-', '-더-' 등이 있다.

다음 (7)~(9)의 밑줄 친 어미들은 모두 단어의 끝에 위치하는 어말어미이다.

(7) **언니가 꽃다발을 주었<u>니</u>?**

(8) 가. **[그런 일이 일어나<u>기</u>]-는 쉽지 않아요.**

나. **엄마는 [섬심으로 벅<u>을</u>] 음식을 준비하고 계세요.**

(9) **[영희는 숙제를 하<u>고</u>] [철수는 TV를 보았어요].**

(7)의 '-니'는 문장의 끝에 위치하여 문장을 종결하는 어미로서, '**종결어미**'라고 부른다. 종결어미는 평서문인지 아니면 의문문이나, 감탄문, 명령문, 또는 청유문인지를 구별하는 기능을 가지고 있으며, 상대방을 높이거나 낮추는 기능도 가지고 있는데, 전자

를 '**문장종결법**'이라고 부르며, 후자는 '**상대높임법**'이라고 부른다.

(8)과 (9)의 밑줄친 부분들은 문장의 끝이 아니라 절의 끝에 위치하는 어말어미들로서, '비종결어미'라고 부른다. '비종결어미'는 (8)에서처럼 안긴절의 끝에 나타나는 '전성어미'와 (9)에서처럼 이어진절의 끝에 나타나는 '연결어미'로 세분된다. 전성어미는 안긴절을 만드는 기능을 가지며, 어떤 절인가에 따라서 다시 '명사형어미'(예: -ㅁ, -기), '관형사형어미'(예: -ㄴ, -ㄹ), '부사형어미'(예: -게) 등으로 분류한다. 연결어미는 이어진절을 만드는 기능을 가진다(예: -고, -며, 등).

'[밥을 많이 먹어서] 배가 불러요'와 같은 문장에서의 '-어서'는 연결어미로 간주되어 왔으나, 최근 종속적으로 이어진 절을 부사절로 간주하는 견해가 대두되면서 부사형어미로 보기도 한다(이에 관해서는 다음 쪽 및 6.2 참조).

다음은 앞에서 설명한 바를 도표로 정리한 것이다.

〈도표 1〉 용언의 어간과 어미가 결합한 활용형의 구조

용언(동사, 형용사, '이다') 어간 - (선어말어미$_1$) - (선어말어미$_2$ ……)[가)] - 어말어미

가) '(선어말어미$_1$) - (선어말어미$_2$ ……)'로 표시한 것은 이들이 모두 나오지 않을 수 있으며, 필요에 따라 하나 혹은 둘 이상 나올 수도 있음을 뜻한다.

〈도표 2〉 국어 어미의 분류 체계와 예(학교문법에 따른 체계)

어미	선어말어미			높임 관련	'-시-', '-습-'
				시간, 양태	'-었-', '-겠-', …
	어말어미	종결어미		평서형어미	'-다', '-습니다'[나]
				감탄형어미	'-구나', '-군', …
				의문형어미	'-냐', '-니', '-습니까'
				명령형어미	'-어라', '-십시오'
				청유형어미	'-자', '-세', …
		비종결어미	전성어미	명사형어미	'-ㅁ', '-기'
				관형사형어미	'-ㄴ', '-ㄹ'
				부사형어미	'-게', …
			연결어미	대등적연결어미	'-고', '-며', '-거나'
				종속적연결어미	'-어서', '-니까', …[다]
				보조적연결어미[라]	'-어', '-고', …

나) '-습니다', '-습니까' 등은 단일형태소가 아니므로 종결어미라고 부르기보다는 '종결형식'이라고 하는 것이 더 적절하다.

다) 최근 학교문법에서 종속적으로 이어진 문장은 부사절로 간주할 수 있다고 밝히고 있으며, 이에 따라 종속적연결어미를 부사형어미로 간주하기도 한다.

라) '보조적연결어미'란 '보고 싶다'에서처럼 보조용언의 앞에 쓰이는 어미를 가리킨다.

4.3. 단어의 짜임새와 단어 형성

4.3.1. 단어의 구조와 구조에 따른 분류

어간과 어미, 어근과 접사 앞에서 '어간'이란 어미를 제외한 나머지 부분으로 단어의 중심을 형성함을 살펴본 바 있다. 어간은 접사를 포함할 수 있다. 한편 **'어근'**(root)이란 단어에서 어미와 접사를 제외한 부분을 가리키며, 단어의 의미의 중심부라고 할 수 있다. 어근과 어근이 결합하여 하나의 단어를 이룰 수도 있으므로, 모든 단어에는 하나, 또는 하나 이상의 어근이 있다고 할 수 있다. '원인을 밝히셨다'에서 밑줄 친 부분을 분석하여 제시하면 다음과 같다.

(10)	밝	-	히	-	시	-	었	-	다
	어근		접사		선어말어미		선어말어미		어말어미
	어간 (밝-히)				어미 (시-었-다)				

구조에 따른 단어 분류 단어는 하나의 형태소로 이루어질 수도 있고, 둘 이상의 형태소로 이루어질 수도 있는데, 전자를 **'단일어'**, 후자를 **'복합어'**라고 한다. 어미는 활용의 요소일 뿐, 단어 형성에는 관여하지 않으므로 고려하지 않는다(예: '먹다'의 경우 어미 '-다'는 무시되므로 단일어로 간주함).

복합어는 다시 두 가지로 나뉘는데, '어근+어근'으로 구성된 복합어는 '합성어'라고 부르며, '어근+접사'로 구성된 복합어는 파생어라고 부른다. 다음은 단어의 짜임새에 따른 분류를 정리한 것이다.

(11)				
단일어		… 하나의 형태소	; 나무, 바람, 먹다
복합어	파생어	… 어근+접사	; 군소리, 놀이, 사랑스럽다
	합성어	… 어근+어근	; 봄바람, 골목길

파생어

(12) **한겨울, 짓밟다**

(13) 가. **뿌다구니, 꼬락서니**

나. **놀이, 먹이; 웃음, 잠; 말하기, 크기**

다. **공부하다; 먹이다, 밝히다; 먹히다, 잡히다**

라. **행복하다; 슬기롭다, 사랑스럽다; 놀랍다, 그립다**

마. **많이, 빨리**

(12)는 접두파생어의 예들이다.

(13)은 모두 접미파생어로서, (13가, 나)는 명사로, (13다)는 동사로, (13라)는 형용사로, (13마)는 부사로 파생된 예이다. (13가)의 '뿌다구니'는 '뿔'에 접사 '-다구니'가 결합하여 만들어진 파생어이다. '뿔'의 'ㄹ'이 탈락하였음을 볼 수 있는데, 파생 과정에서 이처럼 형태의 변이가 일어나는 일이 종종 있다.

파생어를 'X+접사'로 분석할 때, 'X'를 **'어기'**(base)라고 부르기도 한다. (13)의 예들에서 확인할 수 있듯이, 접사는 흔히 특정 부류의 어기에 결합한다.

합성어

(14) 가. **논밭; 작은집; 들어가다**

나. **늦더위; 검붉다**

(14가)의 합성어들은 각각 '명사+명사' '용언의 관형사형+명사', '용언의 연결형+용언'으로 이루어져 있으며, 이는 국어 구(phrase)의 일반적 모습과 동일하다. 이러한 합성어를 **'통사적 합성어'**라고 부른다. 한편 (14나)의 합성어들은 각각 '용언 어간+명사', '용언의 어간+용언'으로 이루어져 있는데, 국어 구(phrase)에서는 이러한 연결이 불가능하다. 이처럼 구성 성분이 연결된 모습이 구와 다른 합성어를 **'비통사적 합성어'**라고 부른다.

통사적 합성어는 구성이 구와 일치하므로 때로 합성어로 보아야 할지 아니면 구로 보아야 할지 판단하기가 어려울 수 있다. 합성어는 다음과 같은 특징을 갖는 경우가 흔히 있다.

첫째, 합성어는 통사적 구와 뜻이 달라진 경우가 흔히 있다. 예) '작은집', '밤낮'

둘째, 합성어는 발음이 달라지는 경우가 흔하다. 예) '작은집'의 '작'은 '작은 집'에서의 '작'과 달리 짧게 발음된다. 또한 '봄비'는 [봄삐]로 발음되고, '깨'와 '잎'이 결합하면 'ㄴㄴ'이 덧나서 [깬닙]으로 발음된다. '봄비'처럼 뒷말이 된소리로 발음되거나 '깻잎'처럼 'ㄴ' 또는 'ㄴㄴ'이 덧나는 현상을 '사잇소리현상'이라고 하며, 앞말이 모음으로 끝나고, 둘중 적어도 하나가 고유어일 때 사이시옷을 붙인다.

다음은 국어 합성어의 예들이다.

(15) 가. 논밭, 길바닥, 새마을, 어린이, 갈림길, 디딤돌; 늦더위, 부슬비
나. 힘들다, 들어가다; 굶주리다, 뛰놀다
다. 배부르다, 남다르다, 머나멀다
라. 밤낮, 어느덧, 이른바

(15가)는 명사로 쓰이는 합성어이며, (15나)는 동사, (15다)는 형용사, (15라)는 부사로 쓰이는 합성어의 예들이다. 이들이 어떠한 구성성분으로 이루어져 있는지 확인해 보자. (15가)의 '늦더위', '부슬비'와 (15다)의 '굶주리다', '뛰놀다'는 비통사적합성어이다.

한자어의 특성 한자어도 단일어와 파생어, 합성어로 분류할 수 있는데, 다음과 같은 점에서 고유어와 다른 특성을 보인다.

(16) 가. 성격(性格), 개성(個性); 가능성(可能-性), 붙임성(붙임-性)
나. 작문(作文), 등교(登校)

(16가)는 '성'(性)이 어근으로도 쓰이고 접사로도 쓰임을 보여 주는데, 고유어에서는 이러한 일이 드물다. 또한 (16나)의 단어들을 구성하는 성분의 기능을 분석하면, 각각

'서술어+목적어', '서술어+부사어'라고 할 수 있는데, 이들의 배열순서가 고유어와 다르다(예: 글-짓기)

4.3.2. 그밖의 단어 분류

어종에 따른 분류 단어를 구성하는 형태소가 고유어인가 아닌가에 따라 단어를 분류할 수 있다. 다음은 어종에 따른 분류이다.

(17) **어종에 따른 분류**

가. **고유어: 고유어로만 구성되어 있는 단어. 예: 바다, 골목길**

나. **한자어: 한자를 기반으로 만들어진 단어로서, 중국에서 들어온 경우도 있고, 일본에서 만들어져 유입된 경우도 있으며, 우리 스스로 만들어낸 경우도 있다. 예: 학생, …**

다. **외래어: 외국어에 기원을 둔 단어를 말한다. 외래어 가운데에도 우리 스스로 만들어낸 경우도 있고 일본에서 만들어져서 유입된 경우도 있다. 예를 들어 '디엠비'(DMB)는 'Digital Multimedia Broadcasting'의 약어로서, 우리나라에서 개발된 기술이라는 점에서 우리나라에서 만들어진 단어라고 할 수 있다. '샤프펜슬'(sharp pencil)은 일본에서 만들어진 단어이다.**

라. **혼종어: 두 종류 이상의 어종으로 구성된 단어를 말한다. 고유어+한자어, 고유어+외래어, 한자어+외래어 등 다양한 경우가 있다. 예: 양손, 휴대폰, …**

한자어도 중국의 한자를 기반으로 하므로 외래어로 볼 수 있으나, 우리식 한자음으로 읽으므로 외래어와는 구별하는 것이 합리적이다. 따라서 '유커'(遊客)라고 읽으면 외래어로 간주하고, '유객'이라고 읽으면 한자어로 간주할 수 있다.

국어사전에 실린 단어들 가운데 한자어는 60~70%로서, 가장 많은 비중을 차지한다. 최근에는 외래어와 혼종어가 급증하고 있으며, 고유어 신어가 차지하는 비중은 매우 낮다.

문법적 특성에 따른 단어 분류 문법적 특성에 따른 단어 분류를 '품사'(part of speech)라고 한다. 품사의 분류 기준으로는 '뜻', '형태', '기능' 등이 있다. 이에 대한 자세한 것은 제5장 참조.

4.3.3. 단어의 형성

어근에 접사가 결합하여 단어를 만드는 과정은 '**파생법**'이라고 부르며, 어근과 어근이 결합하여 단어를 만드는 과정은 '**합성법**'이라고 부른다. 파생법과 합성법은 단어를 만드는 대표적인 방식이다.

그밖의 단어 형성 방법으로는 아래와 같은 것들이 있으며, 이러한 방법에 의해 만들어진 단어들을 파생어나 합성어에 속하는 것으로 간주할 수 있는지에 대해서는 학자에 따라 견해가 다르다.

(18) 가. 꼬불꼬불, 구석구석, 고루고루(〉골고루), 울퉁불퉁, 곤드레만드레
나. 아점〈아침-점심〉 cf. '노조'(〈노동조합), '임정'(〈임시정부)
다. 점잔〈←점잔하다(점잖다)〈젊지 아니하다)
라. 결단코(결단하+고), 수시로(수시+로)
마. 아파트(←apartment), 스펙(←specification)
바. 콜록콜록/쿨룩쿨룩; 곰신〈고무신
사. 택시, 카메라, …

(18가)에서처럼 단어나 어근이 중첩되어 새로운 단어가 되는 경우를 '**중첩**(reduplication)'이라 한다. 중첩되면서 소리가 바뀌기도 하며, 중첩된 형식이 다시 줄어들기도 한다. 중첩에 의해 만들어진 단어는 흔히 '반복합성어'로 간주한다.

(18나)의 '아점'은 '아침'과 '점심'의 일부가 결합하여 새로운 단어가 된 예로, '**혼성**(blending)'이라 한다. 한편 '노조'(〈노동조합), '임정'(〈임시정부)과 같이 어떤 표현에 포함된 단어나 형태소의 일부를 활용하여 단어가 만들어지는 경우는 '**약어**'라고 부른다.

(18다)의 '점잔'은, '젊지 아니하다'가 줄어든 '점잖다'가 '점잔+하다'로 분석되어 만들어진 단어로서, 이러한 방법으로 새로운 단어가 만들어지는 것은 '**역형성**(backformation)'이라 한다.

(18라)는 용언의 활용형 또는 '명사+조사'와 같은 형식이 굳어져서 새로운 단어가 된 경우로서, '**어휘화**(lexicalization)'라고 부른다. (18마)에서처럼 단어의 일부를 절단하여 새로운 단어가 만들어지는 경우는 '**절단**'이라 하며, 외래어에서 흔히 나타난다.

(18바)처럼 음이 변하거나, 단어가 줄어들어 새로운 단어가 만들어지는 경우는 '**음변화**'라 하며, (18사)의 예들처럼 외국어에서 빌어 와서 사용하는 경우에는 '**차용**'이라 한다.

제5장

국어 단어의 문법적 특성

생각 깨우기 1

◈ 학교문법에서는 밑줄 친 형식을 단어로 간주한다. 그렇다면 어떤 품사로 볼 것인지 생각해 보자.

(1) **철수는 학생이다.**
(2) **이건 중요한 일이니까 모두 정신 차려야 해.**

☞ 형식적, 기능적 특성이 어떠한지 살펴보자.
위의 특성을 고려하면 어떤 품사로 보는 것이 좋을까? 다른 가능성은 없는가?

생각 깨우기 2

◈ 다음 글의 밑줄 친 단어들이 어떤 품사인지 생각해 보자.

"여성들이여, 그대들의 남편을 조심하라. 살해당한 모든 여성의 절반은 자신의 남편이나 애인에 의해 희생당했다." - 〈런던타임즈〉

이 글은 살해당한 여성들의 가해자를 통계자료로 분석한 결과, 절반 이상이 자신의 남편이나 애인에 의해 살해당했다는 수치를 보고 보도된 기사다. 이 기사는 모르는 사람보다 사랑하는 사람이 당신을 살해할 가능성이 더 높다고 결론을 내고 있다. 하지만 이는 숫자만 보고 판단한 대표적인 통계의 오류다.

남편이나 애인이 있는 여성들은 이들과 보내는 시간이 타인과 보내는 시간보다 많은 편이다. 밤보다 낮에 교통사고가 더 많이 발생하는 이유와 비슷하다. 통계 자료 수치를 보면 밤 시간에 일어난 교통사고보다 낮 시간에 일어난 교통사고가 더 많다. 이는 단순 비교를 통해 통계를 해석했을 때 발생하는 오류로 볼 수 있다. 낮 시간의 교통사고가 상대적으로 많은 까닭은 밤 시간보다 낮 시간에 운전하는 사람들이 더 많기 때문이다.

☞ 문장에서 어떤 기능으로 쓰인 것인지 생각해 보자.
어떤 말의 앞이나 뒤에 쓰인 것인지 살펴보자.

5.1. 국어의 품사 분류

5.1.1. 품사 분류

'**품사**'(part of speech)란 단어의 문법적 특성에 따른 분류를 말한다. 분류 기준으로는 '뜻(의미)', '기능', '형태' 등이 있다.

(1) 가. 나무, 등산, 평화
나. 달리다, 넓다
(2) 가. 나무가 잘 자랐다. 나무를 심었다.
나. 저는 빨리 달렸어요. 방이 넓어요.
다. 새 책을 샀어요 ; 일찍 오세요.
(3) 가. 달리-고/ㄴ다/는구나/어라
나. 철수, 동화, 가, 를, 그래, 저, 빨리

1) 뜻(의미; meaning): 단어의 개별적인 뜻이 아니라, 단어의 뜻이 사물이나 움직임, 성질·상태의 명칭을 나타내는가, 아니면 움직임이나 성질·상태 자체를 기술하는가 하는 것을 말한다. (1가)는 사물, 움직임, 상태의 명칭이며, (1나)는 움직임과 상태 자체를 기술한 것이다.
2) 기능(function): 단어가 문장에서 어떤 문장 성분으로 쓰이는가를 말한다. (2가)의 밑줄 친 단어들은 주어나 목적어로 쓰인 것이며, (2나)의 밑줄 친 단어들은 서술어로 쓰인 것이다. (2다)의 '새'는 명사를 꾸미는 말이며, (2라)의 '일찍'은 동사를 꾸민다.
3) 형태(form): 단어가 활용하는가 아니면 그렇지 않은가를 말한다. '**활용**'이란 어간에 어미가 결합하는 것을 말하며, 어미가 결합할 수 있는 단어는 '**활용어**'(혹은

'**가변어**'), 어미가 결합할 수 없는 단어는 '**불변어**'라고 한다. (3가)는 '달리다'가 다양한 어미와 결합할 수 있는 활용어임을 보여 주며, (3나)의 단어들은 어미가 결합할 수 없는(활용하지 않는) 불변어이다.

앞의 세 기준 중 기능을 1차적 기준으로 삼을 수도 있고, 형태를 1차적 기준으로 삼을 수도 있다. 현행 학교문법에서는 '기능'을 1차적 기준으로 삼고 있다.

5.1.2. 국어의 품사

학교문법에서는 국어의 품사를 **명사**, **대명사**, **수사**; **동사**, **형용사**; **관형사**, **부사**; **조사**; **감탄사**의 9품사로 나눈다. 명사, 대명사, 수사를 묶어서 **체언**, 동사, 형용사를 묶어서 **용언**, 관형사, 부사를 묶어서 **수식언**, 조사를 **관계언**, 감탄사를 **독립언**이라고 부르기도 한다. 용언과 서술격조사 '이다'는 활용어이고, 이들을 제외한 모든 단어는 불변어이다.

조사와 관련한 몇 가지 문제점 조사는 자립 형식이 아니라는 점을 중시하여 단어로 간주하지 않는 견해도 있다. 학교문법에서는 '이다'가 활용어임에도 불구하고 조사로 간주하는데, 다른 조사는 모두 불변어라는 점에서 문제가 될 수 있다. 학교문법의 태도는 기능을 중시한 것이라고 할 수 있다.

5.2. 체언(명사, 대명사, 수사)과 조사

5.2.1. 명사

명사(noun)는 사물이나 움직임, 성질·상태의 명칭을 나타내는 단어로서, 문장에서 (조사와 결합하여) 주어나 목적어, 보어 등으로 주로 쓰이고, 어미가 결합할 수 없는 불변어이다. '철수는 빨간 **장미**를 샀어요.'에서 보듯이 명사는 앞에 관형어(명사를 꾸미는 문장성분; '빨간')가 올 수 있으며, 뒤에 조사('를')가 결합할 수 있다.

명사의 분류 같은 속성을 가진 대상에 대해 두루 쓰이는 명사를 '**보통명사**'라고 한다. 따라서 보통명사는 같은 속성을 갖는 대상들의 집합을 가리킨다고 할 수 있다. 예를 들어 '의자'는 '사람이 걸터앉는 데 쓰는 기구'로서, 등받이(또는 다리)가 있는 것도 있고 없는 것도 있는 등, 다양한 종류가 있으나, 걸터앉는 데 사용하는 기구의 속성이 있으면 모두 '의자'이다.

어느 대상 하나를 다른 것과 구별하여 특별히 지칭할 때 사용하는 명사는 '**고유명사**'라고 한다. 고유명사는 특정한 것을 지칭할 때 쓰이는 특성으로 인하여 지시의 의미를 갖는 '이, 그, 저'와 같은 관형어가 앞에 오기 어렵고, 복수접미사 '들'이 결합하기도 어렵다.

앞에서 명사의 앞에는 관형어가 올 수 있다고 언급한 바 있는데, 관형어의 출현이 필수적인 경우와 그렇지 않은 경우가 있다.

(4) 가. 영희가 (빨간) 장미를 주었어요.
나. 저는 [철수가 올] 줄 알았어요.

(4가)의 '장미'는 앞에 관형어가 올 수도 있고 오지 않아도 문제가 되지 않는다. 이러한 명사를 '**자립명사**'라고 한다.

(4나)의 '줄'은 앞에 관형어가 오지 않으면 혼자 쓰일 수 없다. 이처럼 반드시 관형어의 수식을 받아야 하는 명사를 '**의존명사**'라고 한다. 또한 '줄'은 관형절만 관형어로 올 수 있고, '이, 그, 저'와 같은 관형사의 수식은 받지 못하며, '알다', '모르다' 등의 목적어로 주로 나타나는데, 이처럼 의존명사는 특정한 관형어만 올 수 있는 경우도 있으며, 특정 문장성분으로만 쓰이는 경우도 흔히 있다(예: 비가 올 수 있다; ~ 때문에/이다)

'나무 한 그루', '자동차 이십 대' 등에서 '그루', '대' 등은 숫자를 세는 단위로 쓰이는 의존명사이다. '음료수 열 병'에서처럼 단위를 나타내는 명사가 자립명사인 경우도 있다.

5.2.2. 대명사

대명사는 명사를 대용하는 단어로서, 대체로 명사와 유사한 특성을 가진다.

대명사 가운데, '나, 너', '이것, 그것, 저것', '여기, 거기, 저기' 등은 대화 상황과 관련하여 해석되는 특성을 가지고 있는데, 이러한 단어를 **'직시어'**(deixis)라고 한다.

1) '나'는 화자를 가리키며, '너'는 '청자'(상대방)를 가리킨다.
2) '이것'은 화자 가까이 있는 것을, '그것'은 화자에게서 멀리 있고 청자(상대방)에게 가까이 있는 것을 가리킨다. '저것'은 화자와 청자(상대방) 모두에게서 멀리 있는 것을 가리킨다.
3) '여기, 거기, 저기'는 기원적으로 각각 '이, 그, 저'를 포함하고 있으며, 장소를 가리키는 말로서, '이것, 그것, 저것'과 동일한 의미특성을 갖는다.

인칭대명사 인칭대명사는 1인칭, 2인칭, 3인칭으로 나누는데, 국어의 1인칭 대명사에는 '나, 저; 우리, 저희' 등이 있으며, 2인칭 대명사에는 '너, 자네, 당신; 너희' 등이 있다. 3인칭 대명사로는 '그, 그녀, 그이' 등이 있으나, 글말에서만 쓰일 뿐 구어에서는 쓰이지 않는다.

'우리'는 다음과 같은 점에서 특징적이다.

(5) 가. 우리 영화 보러 갈까?
나. 우리는 집에서 쉬고 싶어. 너희들만 갔다 와.
(6) 우리 남편이 밥 사준다 했어.

(5가)의 '우리'에는 상대방이 포함되며, (5나)의 '우리'에는 상대방이 포함되지 않는다. '저희'는 '우리'의 낮춤말로서, 상대방을 포함하지 않는 의미만 가지고 있다. 또한 (6)의 '우리'에는 복수의 의미가 없다. 이러한 '우리'는 자유롭게 쓰이는 것은 아니며, '우리 집', '우리 엄마/아빠' 등 특정 명사 앞에서만 나타난다.

한편, 가리키는 대상을 모를 때 쓰이는 대명사를 **'미지칭'**이라 하며, 특정 대상에 상관없음을 뜻할 때에는 **'부정칭'**이라고 한다. '누구를 찾아가야 하는지 말씀해 주세요.'에서의 '누구'는 미지칭으로 쓰인 것이며, '누구를 기다리나 봐요.'의 '누구'는 부정칭이다. '누구를 만났어요?'의 '누구'는 두 가지로 다 해석될 수 있다.

재귀대명사

(7) 가. 철수$_1$가 순희$_2$한테 자기$_1$ 동생을 소개시켜 주었어.
나. *나/너는 자기 일부터 먼저 해야 해.

(7가)에서처럼, 주어가 다시 나올 때 '자기'로 대신할 수 있는데, 이를 '**재귀대명사**'라 한다. 국어에서는 주어라 하더라도 1인칭이거나 2인칭일 때에는 '자기'로 대신할 수 없다.

지시대명사 지시대명사는 사물이나 장소를 가리키는 대명사로서, '이, 그, 저'를 포함한 '이것, 그것, 저것', '여기, 거기, 저기' 등이 있다. '미지'를 뜻하는 지시대명사로는 '무엇, 어디' 등이 있으며, 이들은 '부정'의 뜻으로도 쓰인다.

5.2.3. 수사

수사란 사물의 수량이나 순서를 가리키는 단어를 말한다. 문법적 특성은 명사와 유사하나, 복수접미사 '들'이 오지 못한다.

수사의 갈래

(8) 가. 하나, 둘, ……, 서른, 마흔, 쉰, 예순, ……
나. 일, 이, 삼, ……, 십, 이십, 백, 천, 만, ……
(9) 첫째, 둘째, 셋째, ……, 열한째, 열두째,

(8)에서처럼 사물의 수량을 가리키는 수사를 '양수사'라 하며, 고유어 계통과 한자어 계통이 있다. (8가)는 고유어 양수사로서, 99까지만 있으며, 100부터는 한자어 양수사를 사용한다. '다섯 명'에서처럼 (의존)명사 앞에 쓰인 '다섯'은 관형사(보통 '수관형사'로 부름)로 간주된다.

한편 (9)에서처럼 순서를 뜻하는 수사는 '서수사'라 하는데, (9)에서 보듯이 수관형사와 '째'가 결합하여 이루어진다. '첫째'의 '첫'은 '처음'에서 생겨난 말로, 이처럼 일반적 방식을 따르지 않고 다른 말을 활용하여 단어를 만드는 것을 '보충법'(suppletion)이라 한다.

5.2.4. 조사

조사는 주로 체언의 뒤에 쓰여 일정한 문장성분이 되게 하거나, 뜻을 보태는 기능을 가지며, 의존 형식으로 앞말에 붙여 쓴다.

조사의 갈래 체언의 뒤에 쓰여 일정한 문장성분이 되게 하는 조사는 '격조사'라 한다. 학교문법에서는 격조사에 '**주격 조사**'(이/가), '**목적격 조사**'(을/를), '**보격 조사**'(이/가), '**관형격 조사**'(의), '**부사격 조사**'(에, 에서, 으로, 에게, ……), '**서술격 조사**'(이다), '**호격 조사**'(아/야)의 일곱 가지가 있다고 본다. '처격 조사', '여격 조사', … 등은 의미에 근거한 표현으로 학교문법의 용어가 아니다.

한편 여러 문장성분에 두루 쓰일 수 있는 조사는 '보조사'라 부른다. 부조사는 체언뿐만 아니라 용언의 활용형이나 부사 뒤에도 쓰일 수 있으며, 뜻을 보태는 기능만을 가지고 있다(예: 은/는, 만, 도, ……).

'와/과', '하고', '이랑' 등과 같이 체언을 연결하는 조사는 '접속조사'라고 부른다.

조사의 생략 격조사와 접속조사는 생략되는 일이 흔히 있다.

(10) **가. 엄마, 철수 왔어요.** vs. **엄마, 철수가 왔어요.**
나. 아저씨, 우유 주세요. vs. **아저씨, 우유를 주세요.**

(10)에서 확인할 수 있듯이, 일반적인 구어 상황에서는 조사가 없는 표현이 자연스러우며, 어떤 대상을 특별히 지정하여 말할 때는 조사가 있는 표현이 자연스럽다. 따라서 조사의 생략은 임의적인 현상이 아니라 맥락에 의해 결정된다고 할 수 있다.

5.3. 용언(동사와 형용사)

5.3.1. 동사

동사는 움직임을 기술하는 단어로, 문장에서 서술어로 쓰인다. 활용어이다.

동사의 분류 움직임이 주어에만 미치며, 목적어를 동반하지 않는 동사를 '자동사'(intransitive verb)라 한다. '타동사'(transitive verb)는 움직임이 목적어에도 미치는 동사로서, 반드시 목적어를 동반한다. 자동사와 타동사의 용법을 모두 가지는 동사(멈추다, 그치다, 움직이다, …)도 있는데, 이러한 동사를 '자타양용동사'라 하며, '능격동사'(ergative verb) 또는 '중립동사'(middle verb)라고도 부른다.

5.3.2. 형용사

사물의 속성이나 상태를 기술하는 단어로, 문장에서 서술어로 쓰인다. 활용어이다. 국어의 활용어에는 동사와 형용사, '이다'가 있는데, 이들은 활용하는 양상이 다르다.

(11)

	종결형 현재 ('-다'의 앞)	종결형 현재 ('-구나'의 앞)	관형사형 현재
가. 동사	먹는다	먹는구나	먹는
나. 형용사	작다	작구나	작은
다. 이다	사랑이다	사랑이로구나	사랑인

※ '있다'와 '계시다', '아니다'는 어떻게 활용하는지 알아 보자.

형용사의 분류 '빠르다, 맑다' 등과 같이 속성, 상태를 타나내는 형용사를 '성상형용사'라 하며, '이러하다(이렇다)', '그러하다(그렇다)', … '어떠하다(어떻다)' 등과 같이 '지시'의 의미를 갖는 형용사는 '지시형용사'라고 한다. 이들이 함께 쓰이면 지시형용사가 성상형용사의 앞에 위치한다.

5.3.3. 보조용언

용언 가운데, 서술어로 쓰이지 않고 문법적 의미를 더해 주는 용언을 '**보조용언**'이라고 하며, '보조동사'와 '보조형용사'로 다시 나뉜다. 부정, 피동·사동 등의 문법적 개념을 나타내기도 하고, 상적 의미나 화자의 태도를 나타내기도 한다.

(12) 가. 저는 다른 영화를 보고 <u>싶어요</u>.

나. 철수는 아픔을 잘 견디어 <u>왔어요</u>.

(13) 철수가 학교에서 <u>왔어요</u>.

(12가)의 '싶다'는 '보고'의 뒤에 쓰여서 화자의 '희망'을 뜻하고 있다. (12나)의 '오다'는 '견디어'의 뒤에 쓰여 '어떤 상황이 지금까지 계속됨'을 표현하고 있다. 이들의 앞에 쓰인 용언('보다'와 '견디다')은 '**본용언**'이라고 한다. (12가)의 '싶다'는 보조 용언으로만 쓰이나, '오다'는, (13)에서 보듯이, 보통의 용언으로도 쓰일 수 있다.

보조용언은 본용언의 특정 활용형을 요구한다. (12가)에서처럼 '싶다'가 '희망'을 뜻하는 보조용언으로 쓰일 때는 앞에 오는 본용언에 항상 '-고'가 결합하며, (12나)에서처럼 '오다'가 '진행'을 뜻할 때는 본용언에 항상 '-어'가 결합한다. 이를 나타내기 위해 흔히 보조용언은 앞에 와야 하는 어미와 함께 제시하는 것이 관례이다(예: '-고 싶다', '-어 오다').

보조동사와 보조형용사 보조용언의 활용 양상, 의미 등을 고려하여 분류하나, 구별이 확실치는 않다.

(14) 보조동사의 목록

-어 가다, -어 오다, -고 있다, -고 계시다, -어 있다, -어 계시다, -고 나다, -어 내다, -어 버리다, -고 말다, -어 주다, -어 드리다, -어 보다, -어 두다, -어 놓다, -어 가지다, -게 하다, -게 만들다, -어지다, -게 되다, -지 아니하다(않다), -지 말다, -지 못하다, -어 대다, -어 보이다, -어야 하다, -기는 하다

(15) **보조형용사의 목록**

-고 싶다, -지 아니하다(않다), -지 못하다, -ㄴ가(는가, 나) 보다, -는가(나/ㄹ까/다/으면) 싶다, -기는 하다

때로는 보조용언 구성이던 것이 한 덩어리로 굳어져 문법형태소가 되는 경우도 있다. 현대국어의 과거시제 표지 '-었-'은 보조용언 구성이던 '-어 잇-'이 한 덩어리로 굳어진 것이다.

5.3.4. 용언의 활용

활용과 활용형 앞(4.2)에서 용언 어간에 어미가 결합하는 것을 '**활용**'이라고 하며, 어미는 선어말어미와 어말어미로, 어말어미는 다시 종결어미, 전성어미, 연결어미로 나뉨을 살펴본 바 있다. 용언 어간에 어미가 결합한 형식을 '**활용형**'이라고 한다.

활용형은 어떠한 어미가 결합한 것인가에 따라 구별되는데, 종결어미가 결합하여 문장을 종결하는 활용형은 '종결형', 전성어미가 결합하여 명사절이나 관형절, 또는 부사절이 되게 하는 활용형은 '연결형', 연결어미가 결합하여 문장을 다른 문장과 연결시켜 주는 활용형은 '연결형'이라고 부른다.

용언 어간만 표시할 때는 '먹-'과 같이 '-'을 붙여 나타내며, 용언 어간에 종결어미 '-다'가 결합한 형식을 '**기본형**'이라고 하고 사전의 표제어로 삼는다.

규칙활용 용언 어간에 어미가 결합할 때, 어간이나 어미의 교체가 규칙적인 경우, 즉 교체하는 모습을 예측할 수 있는 경우를 '**규칙활용**'이라고 한다.

어간의 규칙활용에는 다음과 같은 것들이 있다.

(16) 가. **집에 있다[읻따]; 밥을 먹는다[멍는다]**

나. **부모님께 편지를 썼어요(쓰+었+어+요).**

다. **부산에 사는(살+느+ㄴ) 친구가 찾아왔어요.**

(16가)는 '있다'의 '있'이 [읻]으로 발음되고, '먹는다'의 '먹'은 [멍]으로 발음됨을 보여 준다. 이러한 교체는 각각 '받침규칙'과 '동화'에 의한 현상으로 규칙적이다. (16나)의 '썼어요'에서는 '쓰-'에 '-었-'이 결합할 때 어간의 'ㅡ'가 탈락하였으며, (16다)의 '사는'에서는 '살-'에 '-느-'가 결합할 때 어간의 'ㄹ'이 탈락하였음을 알 수 있다. 이러한 'ㅡ' 탈락과 'ㄹ' 탈락도 예외가 없으므로 규칙적이라고 할 수 있다(한글맞춤법 제18항에서는 'ㅡ' 탈락과 'ㄹ' 탈락을 불규칙활용으로 간주한다).

다음은 어미의 규칙활용이다.

(17) 가. 선물을 받았어요(받+았+어+요); 책을 읽었어요(읽+었+어+요)

나. 노래를 부르면서(부르+면서); 신문을 읽으면서(읽+으면서)

(17가)는 모음조화에 의한 현상으로, 선어말어미 '-었-'은 어간의 끝음절 모음이 'ㅏ, ㅗ'일 때 '-았-'으로 실현되고, 'ㅏ,ㅗ' 이외의 모음일 때는 '-었-'으로 실현된다. (17나)는 '-면서'와 같은 어미가 받침으로 끝나는 어간 뒤에 쓰일 때 매개모음 '으'가 삽입됨을 보여 준다.

불규칙활용 어간에 어미가 결합할 때, 어간이나 어미의 교체가 불규칙적인 경우, 즉 일부의 어간이나 어미에서만 나타남에 따라 교체하는 모습을 예측할 수 없는 경우를 **'불규칙활용'**이라 한다.

다음은 어간의 불규칙활용을 정리한 것이다.

(18) 가. **'ㅅ' 불규칙: '-어서', '-으니' 등의 앞에서 어간의 'ㅅ'이 탈락함(짓다: 지어서, 지으니). 예: 잇다, 젓다, 붓다, 긋다, 낫다**

나. 'ㄷ' 불규칙: '-어서', '-으니' 등의 앞에서 어간의 'ㄷ'이 'ㄹ'로 바뀜(듣다: 들어서, 들으니). 예: 듣다, 걷다, 긷다, 눋다, 깨닫다, 붇다, 싣다, 묻다

다 'ㅂ' 불규칙: '-어서', '-으니' 등의 앞에서 어간의 'ㅂ'이 'w'로 바뀜(곱다: 고와서, 고우니). 예: 곱다, 굽다, 춥다, 덥다, 즐겁다, 외롭다, 슬기롭다, 아름답다, 사랑스럽다

라. **'르' 불규칙**: '-어서' 등 '어'로 시작하는 어미 앞에서 어간의 'ㅡ'가 탈락하고 'ㄹ'이 덧생김.(흐르다: 흘러, 흘렀다). 예: 고르다, 기르다, 나르다, 모르다, 바르다, 자르다, 다르다, 빠르다

마. **'ㅜ' 불규칙**: '-어서' 등 '어'로 시작하는 어미 앞에서 어간의 'ㅜ'가 탈락함(푸다: 퍼서, 펐다). 예: 푸다

(18다) 'ㅂ' 불규칙의 경우, '곱다~고와서~고우니', '덥다~더워서~더우니'에서 보듯이, 어간의 'ㅂ'이 'ㅗ' 또는 'ㅜ'로 바뀌는 것처럼 보이나, 이는 철자상의 차이일 뿐이다. 또한 'ㅂ' 불규칙 용언에 '-어서, -었-' 등이 결합할 때, 어간이 1음절인 경우는 모음조화에 따르나(고와서, 구워서), 2음절 이상인 경우에는 '어' 계통만 올 수 있다(예: '아름다워서').

(18라) '르' 불규칙은 'ㄹ'이 어간에 덧생기는 것으로 간주하여 어간의 불규칙으로 분류하였으나, 한글맞춤법 제18항에서는 "어간의 끝음절 '르'의 'ㅡ'가 줄고, 그 뒤에 오는 어미 '-아/-어'가 '-라/-러'로 바뀔 적"으로 설명하고 있어, 어미에 'ㄹ'이 덧생기는 것으로 본다.

(18마) 'ㅜ' 불규칙에는 '푸다'만 있는데, 이는 '푸다'가 '프다'에서 변한 말인 데 기인한다.

다음은 어미의 불규칙활용이다.

(19) 가. **'여' 불규칙**: '하-'에 '-어서, -었-' 등이 결합할 때 '어'가 '여'로 바뀌어 '하여서, 하였다'가 되며, 이들은 다시 '해서, 했다'로 바뀔 수 있음

나. **'러' 불규칙**: '르'로 끝나는 어간 뒤에 '-어서, -었-' 등이 '-러서, -렀-'으로 바뀜(이르다: 이르러서, 이르렀다). 예: 푸르다, 누르다

다. **'너라' 불규칙**: 명령형어미 '-어라'가 '-너라'로 바뀜(오다: 오너라)

(19다)의 '너라' 불규칙의 경우, 비록 표준어로 간주되는 것은 아니나, 오늘날에는 '와라'로 나타나기도 하므로 불규칙으로 간주하지 않을 수 있다.

다음은 어간과 어미가 모두 불규칙활용을 하는 경우이다.

(20) **'ㅎ' 불규칙: '파랗-'은 관형사형어미 '-ㄴ'의 앞에서 어간의 'ㅎ'이 탈락하며, '-어서' 등과 결합하면 '파래서'에서처럼 모음이 바뀐다. 예: 노랗다, 빨갛다, 보얗다 등 '앟/엏'이 붙은 말**

'ㅎ' 불규칙은 형용사에만 나타난다. '좋다'에서도 'ㅎ'이 약화되기는 하지만(발음되지 않음), '좋은'에서 보듯이 매개모음이 오며, 어미 '-어'와 결합할 때 '애'로 바뀌지 않는다는 점에서 차이가 있다. 앞에서 보았듯이, 한글맞춤법에 따르면 '르' 불규칙도 어간과 어미의 불규칙으로 간주된다.

5.4. 수식언(관형사와 부사)

5.4.1. 관형사

체언을 꾸미는 단어로서, 불변어이며, 뒤에 어떠한 말도 결합할 수 없다.

(21) 가. 새 집, 구 시민회관
나. **다섯 명, 집 한 채(한, 두, 세/석, 네/넉, 다섯, 여섯, …)**
다. **이 사람, 그 집, 저 책**

관형사의 분류 (21가)의 '새', '구' 등처럼 체언이 가리키는 사물의 성질, 상태를 나타내는 관형사는 '**성상관형사**'라 하며, (21나)에서처럼 (의존)명사 앞에 오는 '다섯', '한' 등은 수사가 아니라 관형사로서, '**수관형사**'로 불린다. '석, 넉'은 '냥', '되', '섬', '자' 따위의 단위를 나타내는 말에 쓰인다. (21다)의 '이, 그, 저'는 지시'의 뜻을 갖는 '**지시관형사**'이다. 이들이 함께 쓰일 때는 '지시 - 수 - 성상'의 순서로 배열된다(예: 저 모든 새 책).

5.4.2. 부사

주로 용언을 수식하며, 다른 부사나 문장 전체를 꾸미기도 하는 단어로서, 불변어이다.

> (22) 가. **장미가 활짝 피었어요.**
>
> 나. **아직도 시간이 많이 남았다.**

(22나)에서 보듯이, 부사의 뒤에는 보조사 '도', '은/는' 등이 결합할 수 있다.

부사의 분류 부사는 특정한 문장성분을 꾸미는 '**성분부사**'와 문장 전체를 꾸미는 '**문장부사**'로 나뉜다.

'성분부사'에는 성질, 상태를 뜻하며 주로 용언을 꾸미는 '**성상부사**'(예: 철수가 일찍 왔구나)와 '지시'의 뜻을 갖는 '**지시부사**'(이리, 그리, 저리; 여기, 거기, 저기 등), 문장을 부정문으로 만드는 '**부정(否定)부사**'('안'과 '못') 등이 있으며, '문장부사'에는 '과연, 물론, 설마, 정말, …' 등과 같이 화자의 태도를 표시하는 '**양태부사**', '그리고, 그러나; 곧, 즉, 오히려 …' 등처럼 문장과 문장을 이어주는 '**접속부사**'가 있다.

5.5. 독립언(감탄사)

느낌이나 의지, 태도를 직접적으로 표시하는 단어로서, 불변어이며, 뒤에 어떠한 말도 결합할 수 없다.

> (23) 가. **아, 그래서 선생님이 저렇게 화가 나신 거구나.**
>
> 나. **아차, 우산을 놓고 왔구나!**
>
> (24) 가. **밥 먹었니? 응, 먹었어; 아니, 안 먹었어; 네, 먹었어요**
>
> 나. **여보, 오늘 일찍 오세요; 여보세요, 김 선생님 댁이죠?**
>
> (25) 가. **인생이라는 게 다 그런거지, 뭐.**
>
> 나. **그게 음……저, 뭐라더라. 그 왜 있잖아.**

감탄사의 분류 (23)의 밑줄 친 단어들은 감정을 표출하는 감탄사로, '**감정감탄사**'라고 한다. (24가)처럼 대답에 쓰이는 말이나, (24나)처럼 상대방을 부를 때 쓰이는 감탄사는 '**의지감탄사**'라고 하는데, 이들은 상대방의 사회적 지위에 따라 어느 정도 구별되는 형태를 보여 준다.

(25가)의 '뭐'는 '더 이상 여러 말 할 것 없다'는 뜻으로 하는 말이다. (25나)의 '음', '저'는 어떤 생각이나 말이 잘 떠오르지 않을 때 쓰이는 말이며, '그'는 상대방에게도 생각해 볼 것을 촉구하는 뜻으로, 그리고 '왜'는 '어떤 사실에 대해 확인을 요구할 때' 쓰이는 말이다. 이러한 단어들은 흔히 '**입버릇이나 더듬거림**'으로 간주되고, '특별한 뜻이 없이 나는 소리들'로 설명되기도 하였으나, 오늘날에는 상대방의 주의를 환기하거나, 말의 속도를 조절하는 데 쓰임을 중시하여, 담화의 흐름을 조정하는 기능을 갖는 것으로 본다.

5.6. 품사의 통용

국어의 단어는 대체로 하나의 품사에 속하나, 경우에 따라서는 두 가지 이상의 품사에 속하는 경우가 있는데, 이러한 경우를 '품사의 통용'이라고 한다.

(26) 가. 다들 구경만 할 뿐, 도와 주는 사람이 없었어. 〈(의존)명사〉
나. 믿을 것은 실력뿐이야. 〈조사〉
(27) 가. 둘에 다섯을 더하면 일곱이죠. 〈수사〉
나. 장미 일곱 송이를 받았어요. 〈(수)관형사〉
(28) 가. 그 계획을 적극적으로 추진해 보세요. 〈명사〉
나. 그 사람의 적극적 태도가 마음에 들어요. 〈관형사〉
(29) 가. 오늘부터 운동을 시작할 거야. 〈명사〉
나. 오늘 해야 할 일을 다음 날로 미루지 마세요. 〈부사〉

위의 예들처럼 둘 이상의 품사로 쓰일 때, 사전에서는, 하나의 표제어로 제시하고 두 품사의 기능을 가지는 것으로 처리하기도 하고, 별개의 표제어로 제시하는 경우도 있다.

제6장

국어 문장의 구조

생각 깨우기 1

◈ 다음 밑줄 친 부분을 어떠한 문장성분으로 볼 것인지 생각해 보자.

(1) 참나, 꽃은 장미가 예쁘다니까... 몇 번을 말해야 알겠니?

(2) 그 문제는 아무도 못 풀어. 우리가 풀 수 있는 문제가 아니야.

(3) 페이스북에서 ①친구가 되면 ②전화번호도 보이나요? 싫은 사람이 보이길래 들어가 봤더니 ③저랑 친구로 되어 있더라구요. ④친구면 ⑤제 전화번호도 알 수 있을까요? 제가 원치 않아도 절 찾아서 ⑥친구로 등록할 수 있나요?

☞ 격조사가 있는지 살펴보자.
격조사가 없으면, 서술어로 쓰이는 용언의 문형정보에 대해 생각해 보자. 밑줄 친 부분이 문형정보에 나오는 어떤 성분과 대응하는가?

생각 깨우기 2

◈ 다음 예는 문장들이 이어지거나 다른 문장에 안겨서 복잡하게 구성되어 있다. 어떻게 이루어진 것인지 자세히 살펴 보자.

유머는 잘못 사용하면 역효과를 내기도 한다. 정○○(36) 팀장은 신참 시절 아찔했던 기억이 있다. 분위기를 띄워보겠다는 생각에 상사에게 농담을 던졌다가 오히려 "내가 네 친구냐?"라고 질책만 받아 당황했었다.

☞ 각 문장에 용언이 몇 개 쓰였는지 확인해 보자. 보조용언을 제외하면 모든 용언은 서술어 기능을 하므로, 한 문장에 용언이 둘 이상 있으면 겹문장으로 간주할 수 있다.

6.1. 홑문장의 구조과 문장성분

6.1.1. 홑문장의 구조와 문장성분

계층적 구조 4.1에서 '언니가 꽃다발을 주었어'는 '언니가'와 '꽃다발을 주었어'로 나뉘며, '꽃다발을 주었어'는 다시 '꽃다발을'과 '주었어'로 나뉨을 살펴본 바 있다. 이는 '언니가 꽃다발을 주었어'를 구성하는 '언니가', '꽃다발을', '주었어'가 아래 (1가)에서처럼 동일한 자격으로 연결되어 있는 것이 아니라, (1나)에서처럼 단계적으로 결합하여 문장을 구성함을 말해 준다. 이처럼 단계적으로 이루어진 구조를 '**계층적 구조**'(hierarchical structure)라고 부르며, (1)과 같은 그림은 '**수형도**'(tree-diagram)라고 한다.

(1)
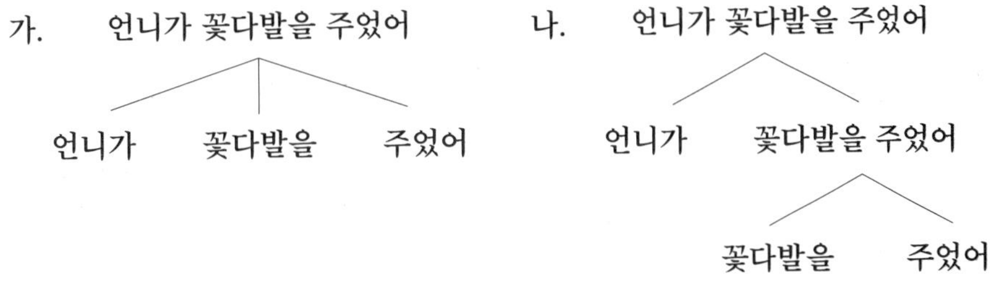

(1)의 '／', '＼'와 같은 선을 '**가지**'라고 부르며, 가지가 만나는 점을 '**교점**'이라고 부른다. (1나)의 교점에는 언어 표현이 제시되어 있으나, 문법기능 또는 통사범주의 명칭을 제시할 수 있다.

(2)
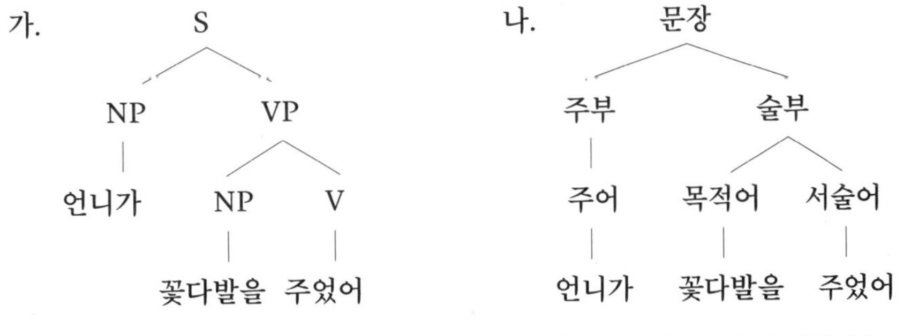

(※ S는 문장을 뜻하며, NP는 명사구, VP는 동사구, V는 동사를 가리킨다.)

(2가)는 교점에 통사범주를 제시한 것으로 '생성문법'(generative grammar)의 초기 분석 방식이며, 학교문법에서는 (2나)에서처럼 문법기능을 기본 단위로 하는 방식을 택하고 있다.

문장성분 문장에서 일정한 문법기능을 수행하는 형식을 '**문장성분**'이라고 한다. 문장성분에는 다음과 같은 것들이 있다.

(3) 가. **주성분: 주어, 서술어, 목적어, 보어**
나. **부속성분: 관형어, 부사어**
다. **독립성분: 독립어**

모든 문장에는 주어와 서술어가 있는 것으로 간주하며, 서술어에 따라서는 목적어나 보어를 요구하기도 한다. 이처럼 문장을 구성할 때 골격을 이루는 성분을 '**주성분**'이라 한다.

관형어와 부사어는 문장의 골격을 이루지 못하고, 다른 말을 꾸미는 기능을 하는 성분으로, '**부속성분**'이라 한다. 부속성분은 반드시 나와야 하는 것이 아니므로 수의적 성분이다. 한편 문장 내의 다른 성분과 직접적인 통사적 관계를 맺지 않는 성분을 '**독립성분**'이라고 한다.

6.1.2. 주어

'**주어**'란 서술어의 서술 대상이 되는 문장성분으로, 체언이나 체언의 구실을 하는 말에 주격조사가 결합하여 이루어지며, 기본적으로 문장의 첫머리에 위치한다.

주격조사 대표적인 주격조사는 '이/가'이며, 높여야 할 대상에 쓰이는 '께서'(예: 할아버지께서…)와 단체를 뜻하는 말에 쓰이는 '에서'(예: 정부에서 대책을 발표했다) 등도 주격조사로 간주된다.

주어에 항상 주격조사가 오는 것은 아니다.

(4) 철수 왔어요? vs. 철수가 왔어요?

(5) 가. 철수는/철수도 사과를 좋아해요

나. 할아버지께서는 방에서 쉬세요; 정부에서도 대책을 세우고 있습니다.

(6) 가. 영희만이 그 일을 할 수 있어요.

나. 우리 학교에서만 등록금을 내렸어요.

구어에서는 주격조사가 생략되기도 하는데, 이에 대해서는 5.2에서 살펴본 바 있다. (5)에서처럼, 보조사 '은/는'이나 '도'가 결합한 경우에는 '이/가'가 나올 수 없으나, '께서'와 '에서'는 '은/는, 도'와 함께 쓰일 수 있다. '만'은 '이/가'와도 같이 쓰일 수 있는데, (6)에서 보듯이, '이'는 '만'의 뒤에 위치하지만, '께서'와 '에서'는 '만'의 앞에 위치한다.

주어에 관련된 문법 현상

(7) 가. 할아버지께서 오셨어(오-시-었-어).

나. 철수$_1$가 영희$_2$에게 자기$_1$가 그 일을 하겠다고 말했어요.

다. 우리 대표팀 선수들이 잘들 뛰더라

(7가)에서 보듯이, 주어가 가리키는 대상이 높여야 할 사람이면 서술어에 선어말어미 '-시-'가 오며, (7나)에서처럼 주어가 한 문장 안에서 되풀이되면 '자기'로 대신한다. (7다)는 주어가 복수일 때, 다른 성분에 '들'이 붙을 수 있음을 보여 주는데, 이때의 '들'은 복수접미사 '들'과 달리, 셀 수 없는 명사나 부사, 용언의 활용형에도 결합할 수 있으며, 보조사로 간주된다.

'철수가 마음이 착하다'와 같은 문장은 주어가 둘('철수가', '마음이')인 것처럼 보이는데, 학교문법에서는 '마음이 착하다'가 '철수가'를 서술하는 서술절인 것으로 분석한다. 따라서 '철수가'는 전체 문장의 주어이며, '마음이 착하다'는 전체 문장의 서술어이고, '마음이'는 서술절의 주어이며, '착하다'는 서술절의 서술어이다.

6.1.3. 서술어

'**서술어**'란 주어를 서술하는 문장성분을 말한다.

(8) **가. 철수는 내일 온다.** 〈동사〉　　**나. 그 산은 높다.** 〈형용사〉

　다. 영희가 반장이다. 〈체언+이다〉

(9) **영희는 마음이 착하다.** 〈서술절〉

(10) **철수가 장미 백 송이를 선물했어요, 영희한테.**

서술어가 될 수 있는 것으로는 '동사', '형용사', '체언+이다', 서술절 등이 있다. 서술어는 문장의 끝에 위치한다. 서술어의 뒤에 다른 말이 오기도 하는데(10), 이러한 현상은 빠뜨린 말을 보충하는 현상으로 '**후보충**'(afterthought)이라 부르며, 쉼표로 구별한다.

서술어의 문장의 틀 짜기 기능 서술어로 쓰이는 용언이 주어만을 필요로 하는 경우도 있고, 주어 외에 목적어가 있어야 하는 경우도 있으며, 때로는 부사어를 필수적으로 요구하기도 한다. 서술어가 요구하는 문장성분으로서의 자격을 '**격**'이라고 하고, 그 수를 '**자릿수**'라고 한다. 자릿수가 몇인가에 따라 '**한 자리 서술어**', '**두 자리 서술어**', '**세 자리 서술어**' 등으로 부른다.

서술어의 자릿수대로 문장성분을 갖추지 못하면 불완전한 문장이 된다. 일반적으로 부사어는 수의적 성분이나, 필수적으로 요구되기도 하는데, 이러한 부사어를 '**필수적 부사어**'라고 부른다. 다음은 필수적 부사어가 쓰인 예들이다.

(11) **가. 영희가 철수에게 선물을 주었다.**

　나. 김 선생은 친구의 딸을 며느리로 삼았다.

(12) **나는 너와 다르다.**

하나의 용언이 한 자리 서술어로 쓰이기도 하고 두 자리 서술어로 쓰이기도 하는 등, 자릿수를 겸하는 경우도 있다(예: 날씨가 좋다 〈한 자리〉 vs. 나는 네가 좋다 〈두 자리〉).

문형정보 자릿수만으로는 서술어가 요구하는 필수적 성분이 어떠한 것인지 알 수 없으므로, 필요한 성분의 격을 표시하기도 하는데, 이러한 정보를 '**문형정보**'라고 한다.

(13) **'주다'의 문형정보**

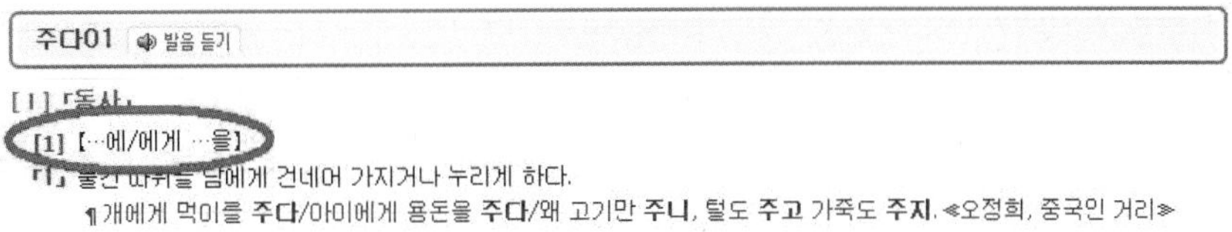
주다01 발음 듣기

[Ⅰ] 「동사」

[1] 【…에/에게 …을】

「1」 물건 따위를 남에게 건네어 가지거나 누리게 하다.

¶개에게 먹이를 **주다**/아이에게 용돈을 **주다**/왜 고기만 **주니**, 털도 **주고** 가죽도 **주지**. ≪오정희, 중국인 거리≫

(13)에 주어를 뜻하는 '…이'를 표시하지 않은 것은 모든 문장에 주어가 있는 것으로 간주되기 때문이다.

6.1.4. 목적어

'**목적어**'란 서술어가 뜻하는 움직임이 영향을 미치는 대상인 문장성분으로, 체언이나 체언의 구실을 하는 말에 목적격조사가 결합하여 이루어지며, 서술어의 앞에 위치한다.

목적격조사 목적격조사는 '을/를'이며, 목적어에도 항상 목적격조사가 오는 것은 아니다.

(14) **아저씨, <u>우유</u> 주세요.** vs. **아저씨, <u>우유를</u> 주세요.**

(15) **가. 철수가 사과{는, 도} 좋아해요**

나. 오식 <u>너반을</u> 사랑해.

목적격조사는 흔히 생략된다. 특히 구어인 경우에는 목적격조사가 생략된 표현과 생략되지 않은 표현의 쓰이는 상황이 다르다(5.2 참조). (15가)에서처럼, 보조사 '은/는'이나 '도'가 결합한 경우에는 '을/를'이 나올 수 없으나, (15나)에서 보듯이, '만'은 함께 쓰일 수 있으며, 이때 '을'은 '만'의 뒤에 위치한다.

6.1.5. 보어

'**보어**'란 '되다'와 '아니다'의 바로 앞에 위치하는 문장성분으로 체언이나 체언의 구실을 하는 말에 '이/가'가 결합하여 이루어진다.

(16) 가. 영희가 선생님이 되었어요.

나. 오늘 나는 당번이 아니야.

보어에 관한 논란 앞에서 확인할 수 있듯이, 보어는 특정 용언('되다'와 '아니다')의 앞에만 나오며, 보격조사 '이/가'가 주격조사와 동일하다는 점에서도 문제가 있다. 그러나 보어를 인정하지 않는다면 (16)은 서술절을 안은 문장으로 분석하여야 할 것이나, '되다'와 '아니다'는 각각 'X가 Y가 되다', 'X가 Y가 아니다'처럼 문장을 구성하는 두 자리 서술어로서, X와 Y를 모두 필요로 하기 때문에, 'Y가 되다', 'Y가 아니다'의 부분만 떼어 서술절을 이룬다고 하기는 어렵다.

6.1.6. 관형어

'**관형어**'란 체언을 꾸미는 문장성분으로, 관형어에는 '관형사'(17가), '관형절'(17나), '체언+의'(17다) 등의 형식이 있다. '체언+의'에서 '의'가 생략되는 경우도 흔히 있다.

(17) 가. 서점에서 새 책을 샀어요

나. 오늘은 명절이어서 문을 연 식당이 없어요.

다. 오늘 영희(의) 친구를 만났어요.

(18) 가. 철수의 사진

나. [나의 살던] 고향은 꽃 피는 산골 …

(18가)에서 보듯이 관형격조사는 '소유'의 뜻 외에도 다양한 뜻으로 쓰인다. (18나)에서처럼 관형절의 주어가 관형격조사 '의'와 함께 나타나는 경우도 있다.

관형어는 홀로 쓰일 수 없으며, 반드시 그것이 꾸미는 체언 앞에만 쓰인다. 여러 개의 관형어의 겹쳐 쓰일 때는 '지시-수량-성상'의 순서로 온다(예: 저 두 새 벽돌집).

6.1.7. 부사어

'**부사어**'란 용언이나 문장 전체를 꾸미는 문장성분으로, 부사어에는 '부사'(19가), '부사절'(19나), '체언+부사격조사'(20가), '관형절+(의존)명사'(20나) 등이 있다. '관형절+(의존)명사'가 부사어일 때는, 뒤에 부사격조사가 오는 경우도 있다(예: '옷을 입은 채(로) 물에 들어갔다').

(19) 가. **숙제가 너무 많아요.**

나. **싫은 소리 한다고 기분 나쁘게 여기지 마.**

(20) 가. **꽃밭에 화초를 심었어요.**

나. **방 안은 숨소리가 들릴 만큼 조용했다.**

부사격조사 부사격 조사에는 '에, 에서, 으로, 에게, 와/과, 보다, ……' 등 다양한 조사들이 있다.

(21) 가. **영희는 자기 엄마(와) 닮았어.**

나. **좀더 하다가 피곤할 때(에) 쉴 거야.**

부사격조사는 잘 생략되지 않으나, (21)에서처럼 생략이 가능한 경우도 있다. '와/과'와 '하고', '에게'와 '한테'는 기능이 거의 같으나, '와/과'와 '에게'는 문어(글말)에 쓰이며, '하고'와 '한데'는 구어(입말)에 쓰인다.

부사어는 그것이 꾸미는 말의 바로 앞에 오는 것이 원칙이다. 단, 용언이나 문장 전체를 수식하는 부사어는 표현 효과를 위해 자리바꿈을 할 수 있으며, 부정부사 '안, 못'은 용언의 바로 앞에 위치한다. 다른 부사어나 관형어, 체언을 꾸미는 부사어는 자리바꿈을 하지 않는다(예: *무척 그는 구두쇠였어).

6.1.8. 독립어

독립어는 문장 안의 다른 성분과 직접적인 통사적 관계를 맺지 않는 성분으로, 호칭어(체언+호격조사)와 감탄사가 있다.

(22) 가. 순영아, 저게 뭐니?
　　나. 손님, 이쪽으로 앉으세요.
(23) 가. 와, 눈 온다.
　　나. 인생이라는 게 다 그런거지, 뭐.

(22나)에서 보듯이, 높여야 할 사람 뒤에는 호격조사가 붙지 않는다. '**독립어**'는 흔히 문장의 첫머리에 위치하나, (23나)에서처럼, 담화의 흐름을 조절하는(5.5. 예 (25) 참조) 독립어는 문장의 중간이나 끝에 오기도 한다.

6.2. 겹문장의 구성과 특성

6.2.1. 문장의 확대

홑문장과 겹문장 서술어는 문장의 틀을 짜는 역할을 하므로, 문장이 구성되기 위해서는 최소한 하나의 서술어와 그 서술어에 대한 주어가 있어야 한다고 할 수 있다. 주어와 그 주어를 서술하는 서술어 사이의 관계는 '**주술관계**'라고 한다.

한 문장 안에 주술관계가 한번만 나타나면 '**홑문장**'(단문)이라고 하고, 서술어가 둘 이상 있어서 주술관계가 두 번 이상 성립하는 문장은 '**겹문장**'(복문)이라고 한다.

(24) 나는 어제 쇼핑몰에서 옷을 한 벌 샀어.
(25) 가. 철수는 방을 치웠고, 영희는 TV를 보았다.
　　나. 영희는 친구가 소개한 사람을 만났다.

(24)에서는 '나는'과 '샀어' 사이에 주술관계가 성립하며, 주술관계가 한 번이므로

홑문장이다. (25가)는 '철수는'과 '치웠고', '영희는'과 '보았다' 사이에 각각 주술관계가 성립하므로 겹문장이다. (25나)도 '영희는'과 '만났다', '친구가'와 '소개한' 사이에 각각 주술관계가 성립하므로 겹문장이다.

'이어짐'과 '안김' 겹문장이 되는 것을 '**문장의 확대**'라고 하며, 그 방법에는 '이어짐'과 '안김'이 있다.

(25가)를 좀더 세밀하게 분석하면, '철수는 방을 치웠-'이 연결어미 '-고'에 의해 '영희는 TV를 보았-'에 이어지고, 이렇게 이어진 전체에 종결어미 '-다'가 결합한 것으로 볼 수 있다. 이처럼 어떤 문장이 연결어미 등에 의해 다른 문장의 앞에 이어져서 전체를 하나의 겹문장이 되게 하는 과정을 '**이어짐**'(접속)이라고 부른다. 이어짐의 결과로 생겨난 전체 문장은 '**이어진문장**'이라고 하며, 앞에 위치한 '철수는 방을 치웠고'는 '**앞절**', 뒤에 위치한 '영희는 TV를 보았-'은 '**뒷절**'이라고 한다. 앞절과 뒷절은 의미상 긴밀한 관계가 있으나, 통사적으로는 앞절도 뒷절의 한 성분이 아니며, 뒷절도 앞절의 한 성분이 아니다.

(25나)에서는 '친구가 소개하-'에 전성어미 '-ㄴ'이 결합하여, 뒤에 오는 명사 '사람'을 꾸미는 관형어 기능을 수행하도록 하고 있다. 이처럼 어떤 문장이 전성어미에 의해 다른 문장의 한 성분으로 기능하도록 함으로써, 전체 문장을 겹문장이 되게 하는 과정을 '**안김**'(내포)이라고 부른다. (25나)에서 전체 문장의 한 성분으로 기능하는 '친구가 소개한'은 '**안긴절**'이라 하며, 안긴절을 안고 있는 절은 '**안은절**'(또는 '모절')이라고 한다. 안긴절을 포함한 전체 문장은 '**안은문장**'이라고 부를 수 있다.

(25가)와 (25나)의 구조를 [ ]을 사용하여 나타내면 다음과 같다.

(25) **가'. [[[철수는 방을 치웠-]-고, [영희는 TV를 보았]] 다]**

(25) **나'. [영희는 [[친구가 소개하-]-ㄴ 사람]-을 만났다]**

6.2.2. 이어진문장

이어진 문장의 갈래 앞에서 이어진 문장의 앞절과 뒷절은, 통사적으로 '앞절도 뒷절의 한 성분이 아니며, 뒷절도 앞절의 한 성분이 아닌' 특성을 가짐을 살펴본 바 있다. 의미적으로는 앞절과 뒷절 사이의 관계가 대등할 수도 있고 앞절이 뒷절에 대해 종속적일 수 있는데, 전자를 '**대등하게 이어진 문장**'이라 하며 후자는 '**종속적으로 이어진 문장**'이라고 한다.

대등하게 이어진 문장 '대등하게 이어진 문장'이란 앞절과 뒷절이 의미적으로 대등하게 이어진 경우로서, '나열', '대조', '선택'의 의미로 이어진 문장을 말한다. 다음은 대등적 연결어미의 목록과 대등적으로 이어진 문장의 예를 보인 것이다.

(26) 가. **나열**: '-고', '-며' 등

나. **대조**: '-으나', '-지만' 등

다. **선택**: '-거나' ※ '-거나'는 반복되어 '-거나 ~ -거나 하다'와 같은 구성으로도 쓰인다.

(27) 철수는 방을 치웠고 영희는 TV를 보았다.

(28) 가. 여유는 없으나 마음은 편하다.

나. 철수는 잠을 잤지만, 나는 늦게까지 공부했어.

(29) 한가할 때는 청소하거나 샤워를 합니다.

종속적으로 이어진 문장 '종속적으로 이어진 문장'이란 앞절과 뒷절이 의미상 종속적으로 이어진 경우로서, '원인, 이유', '조건', '양보', '계기적 관계', … 등의 의미로 이어진 문장을 말한다. 다음은 종속적 연결어미의 목록의 일부와 종속적으로 이어진 문장의 예를 보인 것이다.

(30) 가. **원인, 이유**: '-어서', '-니까', '-느라고', '-므로' 등

나. **조건, 가정**: '-거든', '-면', '-다면', '-(었)더라면'

다. **계기적 관계**: '-고(서)', '-어서', '-자', '-자마자'

라. **목적, 의도**: '-러', '-려고', '-고자'

마. 배경: '-ㄴ데'

(31) 가. 시험공부 하느라고 축구를 못 보았어요.
(32) 가. 비가 오면 쉴 거야.
나. 그때 네가 안 왔더라면 큰일 날 뻔했어. (※ 항상 '-었-'이 나옴)
(33) 영희는 나한테 눈짓을 하고(서) 나가 버렸어.
(34) 일찍 떠나려고 미리 준비해 두었어요.
(35) 눈이 오는데 운전을 해도 될까요? (※ 동사에 결합하거나 '-었-'의 뒤에서는 '-는데')

(30)에 제시한 연결어미의 기능은 학자에 따라서 달리 분류하기도 하며, 유사한 기능을 갖는 연결어미들 사이의 차이를 설명하기 쉽지 않은 경우도 많다. 또한 (30)에서 확인할 수 있듯이, 하나의 연결어미가 여러가지 기능으로 쓰이는 경우도 있다.

'[비가 오면] 쉴 거야'의 '비가 오-'를 뒷절의 한 성분으로 간주하지 않으면 '종속적으로 이어진 절'로 볼 수 있으나, 전체 문장의 부사어로 간주하면 전체 문장에 한 성분으로 안겨 있는 것이 되어 '안긴절'로 볼 수 있다. 후자의 관점을 취한다면 종속적으로 이어진 문장은 모두 '부사절'이 된다. 학교문법에서는 두 가지 분석이 모두 가능한 것으로 설명한다.

이어진 문장에서는 연결어미의 기능에 따라 앞절과 뒷절이 특정한 의미 관계에 놓이기 때문에, 이로 인한 제약이 많이 발생한다.

(36) 가. *나는 가방을 사려고 철수는 쇼핑몰에 갔다.
나. 영희가 들어오자 { *(영희가), 철수가 } 미소를 지었다.
(37) 사과를 { 깎아서, *깎았어서 } 먹었다.
(38) *책을 읽느라고 밤을 새워라/새우자.

(36)은 주어에 제약이 있는 경우로서, (36가)처럼 '-려고'에 의해 이어진 문장에서는 앞절의 주어와 뒷절의 주어가 반드시 같아야 하며 둘 중 하나만 나올 수 있다. 반면 (36

나)에서처럼 '-자'에 의해 이어진 문장에서는 앞절과 뒷절의 주어가 반드시 달라야 한다.

(37)에서 '사과를 깎은' 것은 '먹은' 행위보다 먼저 일어난 상황임에도 불구하고, 앞절 서술어에 과거 선어말어미 '-었-'이 붙을 수 없다. '-어서'에 의해 이어진 문장에서는 '-어서'의 기능이 앞절과 뒷절의 시간 관계를 전제하므로 앞절에 '-었-'이 나오지 못한다. 한편 (38)에서처럼 '-느라고'에 의해 이어진 문장에서는 뒷절에 명령형이나 청유형이 올 수 없다.

6.2.3. 안은문장

안긴절의 갈래 학교문법에서는 안긴절을 어떠한 문장성분의 기능을 수행하는가에 따라 **'명사절'**, **'관형절'**, **'부사절'**, **'서술절'**, **'인용절'**의 다섯 가지로 나눈다.

명사절을 안은 문장 명사절이란 명사처럼 주어나 목적어, 보어 등으로 쓰이는 절을 말한다. 명사절을 만드는 표지에는 명사형어미 '-ㅁ', '-기'와 '관형절+것'의 구성인 '-ㄴ 것'이 있다.

(39) 가. **중요사항들을 보고하지 않았음이 드러났습니다.** 〈않+았+(으)+ㅁ〉
나. **농부들은 비가 오기를 기다리고 있습니다.** 〈오+기〉

(40) **나는 철수가 돌아온 것을 모르고 있었어.** 〈돌아오+ㄴ 것〉

(39)에서 '-ㅁ'과 '-기'를 바꾸면 부자연스러워지는데, 이는 '-ㅁ'과 '-기'가 쓰이는 환경이 다름을 말해 준다. '-ㅁ'과 '-기' 중 어느 것이 선택되는가는 이들을 안은 문장의 서술어에 의해 결정되는데, '드러나다', '밝혀지다', '알다', '모르다', … 등은 '-ㅁ'을 취하고, '바라다', '기다리다', '좋다', '나쁘다', … 등은 '-기'를 취하나, 규칙을 정하기가 쉽지 않다. 구어에서는 '-ㄴ 것'을 흔히 사용하며, '-ㅁ', '-기'를 쓰는 환경에서도 가능한 경우가 많다.

관형절을 안은 문장 관형절은 관형어로 쓰이는 안긴절로써, 관계관형절과 동격관형절이 있다.

(41) [내가 먹은] 음식은 참 맛있었어.

(42) 가. [김개똥 씨를 만난] 사실이 있습니까?

나. [철수가 내일 여기 온다는] 소문이 있어요.

(41)의 [ ] 안에는 서술어 '먹다'의 목적어가 빠져 있으며, 빠진 목적어(음식)가 관형절의 수식을 받는 명사(음식)과 일치한다. 이처럼 관형절 안에 빠진 성분이 있고, 그것이 관형절의 수식을 받는 명사와 일치하는 관형절을 '**관계관형절**'이라고 한다.

한편 (42)에서처럼 [ ] 안에 빠진 성분이 있더라도 그것이 관형절의 수식을 받는 명사와 일치하지 않거나, 빠진 성분이 없는 관형절은 '**동격관형절**'이라고 한다. (42나)처럼 '종결형+는'의 구성을 취하는 동격관형절을 '**긴 관형절**'이라 하며, (42가)와 같은 동격관형절은 '**짧은 관형절**'이라고 한다. 짧은 관형절과 긴 관형절의 선택은 관형절의 수식을 받는 명사에 의해 결정된다. '사실, 것, …'의 앞에는 양자가 다 올 수 있으나, '소문, 소식, 말, …'의 앞에는 긴 관형절만 올 수 있고, '사건, 기억, 경험, …'의 앞에는 짧은 관형절만 올 수 있다.

관형절은 관형사형어미에 의해서 이루어지는데: 관형사형어미에는 '-ㄴ'과 '-ㄹ'이 있으며, 앞에 선어말어미가 올 수 있어서 다양한 모습을 취하는데, 이에 의해 시간 개념을 구별한다.

(43) 가. [밥 먹은] 사람 손 들어 봐. (먹+(으)+ㄴ; '과거')

나. 저기가 [내가 작년에 살던] 집이야. (살+더+ㄴ; 과거)

다. [지금 나오는] 노래의 제목을 아세요? (나오+느+ㄴ; '현재')

(44) [내일 우리가 갈] 곳은 어디야? (가+ㄹ; 미래)

부사절을 안은 문장 부사어로 쓰이는 절을 말한다. 부사형어미에는 '-게, -도록, -듯(이), …' 등이 있으며, (46)에서처럼 파생접사 '-이'가 결합한 형식이 부사절을 만드는 경우도 있다.

(45) **싫은 소리 한다고 기분 나쁘게 여기지 마**

(46) **눈물 없이 볼 수 없는 장면이다.**

(46) '눈물 없이'의 '없이'는 접사 '-이'가 결합한 부사이다. 따라서 '눈물 없이'를 부사절로 간주하면, 부사가 서술어 기능을 하는 것으로 설명하여야 한다는 점이 문제가 된다. 만일 '없이'의 '-이'를 부사형어미로 간주하면 앞의 문제는 없어진다. 그러나, 부사절을 만드는 '-이'는 '없다, 같다, 다르다'에만 나올 수 있으며, 이처럼 제약이 심한 '-이'를 어미로 보기는 어렵다. 학교문법에서는 '-이'를 접사로 간주하고 (46)을 예외적인 부사절로 본다.

앞에서 살펴보았듯이, 종속적으로 이어진 문장의 앞절(예: '배가 아파서 병원에 갔어요')도 부사절로 간주할 수 있다.

서술절을 안은 문장 서술절이란 서술어로 쓰이는 절로서, 서술절을 안은 문장을 흔히 '**격중출문**'이라고도 부른다.

(47) 가. **철수가 [마음이 착하다].**

나. **천마백화점이 [옷이 [값이 싸다]].**

서술절을 안은 문장을 '이중주어문'이라고 부르기도 하나, (47나)에서 보듯이 서술절 안에 다시 서술절이 안기는 경우가 있으므로 적절한 용어가 아니다.

인용절을 안은 문장 조사 '(이)라고', '고' 등을 사용하여 다른 사람의 말이나 글, 또는 생각을 옮겨온 것임을 나타낼 수 있는데, 이를 '인용절'이라 한다.

(48) **어제 모임에서 영희가 "저는 내일 떠나야 합니다."라고 말했다.**

(49) **어제 모임에서 영희가 자기는 오늘 떠나야 한다고 말했다.**

(48)처럼 다른 사람의 말을 그대로 옮긴 것을 '**직접인용절**'이라고 한다. 옮겨온 말의

앞뒤에 따옴표를 붙이며(말이나 글은 " ", 생각은 ' ' 사용), 조사 '-(이)라고'를 쓴다.

한편 (49)에서처럼 화자의 관점에서 바꾸어 표현한 것은 **'간접인용절'**이라고 부른다. 간접인용문에는 따옴표를 사용하지 않으며, 조사 '-고'가 쓰인다. (49)에서 보듯이, 간접인용절에서는 '저, 내일' 등 직시어(5.2.2. 대명사 참조)가 대화상황에 맞게 조정되며, 상대높임법의 구별이 없어져서 '-다고(평서문), -냐고(의문문), -라고(명령문), -자고(청유문)'로 통합된다.

소리 등을 그대로 옮길 때는 '하고'를 사용하는데(예: 갑자기 '쿵!' 하고 넘어지는 소리가 들렸다), '하고'는 조사가 아니라 '하다'의 활용형이므로 띄어 쓰는 것이 옳다.

제7장

문법적 기능의 표현(문법범주)

7.1. 사동과 피동

7.2. 시제와 동작상

7.3. 높임법

7.4. 문장종결법과 부정문

생각 깨우기 1

◈ 다음 (1가)와 (1나), (2가)와 (2나)는 각각 동일한 상황인지 아닌지 생각해 보자. 혹 다르다면 어떠한 차이가 있는가?

(1) 가. 동생이 문 뒤로 숨었어요.
    나. 철수가 동생을 문 뒤로 숨겼어요.

(2) 가. 고양이가 쥐를 쫒고 있어요.
    나. 쥐가 고양이에게 쫒기고 있어요.

생각 깨우기 2

◈ 다음 문장들이 표현하는 상황의 시간적 위치가 언제인지 생각해 보자. 또한 시간적 위치가 그렇게 해석되도록 하는 표지는 무엇인지 알아보자.

(1) 어제 영화 보셨어요?

(2) 오늘은 어제보다 덥네.

☞ 서술어로 쓰이는 용언을 분석하여 어떠한 어미들이 쓰였는지 알아보자. 이들 중 시간개념에 관련된 것이 있는가?

생각 깨우기 3

◈ 다음 문장들을 높여야 할 상대방에게 말할 때 쓰이는 것들과 높이지 않을 상대방에게 말할 때 쓰이는 것들로 나누어 보자. 각각을 좀더 세분할 수 있는지도 알아보자.

(1) 철수가 온다고 합니까? (2) 같이 가 보세.

(3) 영희 언제 만났니? (4) 어서 오세요.

(5) 언제 시간이 나는데? (6) 너, 정말 잘 하는구나.
(7) 앞으론 그러지 말자. (8) 누가 자네한테 그런 말을 하던가?
(9) 내일은 문 안 엽니다. (10) 그 일은 내일 할게.

7.1. 사동과 피동

7.1.1. 사동

다른 사람에게 어떤 행위를 하게 하는 것을 '사동'이라고 하고, 사동의 의미를 문법적으로 일정한 방식에 의해 표현하는 것을 '사동법', 사동법에 의한 문장을 '사동문'이라고 부른다. 이에 대하여 어떤 행위를 주체 스스로 하는 것은 '주동'이라고 한다.

학교문법에서는 국어의 사동문으로, 사동접사가 결합한 사동사 또는 접사 '-시키다'가 결합한 동사(예: 화해시키다)에 의한 사동문과 '-게 하다'에 의한 사동문을 인정하고 있다. 사동접사나 접사 '-시키다'가 결합하여 이루어진 사동(아래의 (1))은 **'파생적 사동'**이라고 하며, '-게 하다'에 의한 사동(아래의 (2))은 **'통사적 사동'**이라고 한다.

'지각한 학생에게 청소를 시켰다'와 같이 '시키다'가 서술어로 쓰인 문장은 사동의 의미를 갖기는 하나, 문법적인 방식에 의한 것이 아니기 때문에 사동문으로 간주하지 않는다.

사동사 사동문

(1) **가. 영희가 순희를 울렸다. 〈울-리+었+다〉**
나. 임마가 동생에게 밥을 먹이셨다. 〈먹-이+시+었+다〉

(1)의 '울리다', '먹이다'는 각각 사동접사 '-리-'와 '-이-'가 붙어 만들어진 것으로, 사동사라 한다. 사동접사에는 '-이-, -히-, -리-, -기-; -우-, -구-, -추-'가 있으며(예: 먹이다, 입히다, 울리다, 숨기다, 깨우다, 솟구다, 낮추다), 사동접사의 결합은 일부의 용언에만 가능하다. '높이다, 좁히다' 등처럼 형용사에 접사가 결합한 경우에는 '시킴'의 뜻이

없으나, '사동'을 '변화를 일으킴'으로 폭넓게 정의하여 사동사로 간주하는 것이 일반적이다.

(1)의 '영희가'와 '엄마가'는 시킨 사람으로 '**사동주**'라고 하며, '순희를'과 '동생에게'는 행위를 하는 사람으로 '**피사동주**'라고 한다. 피사동주는, (1)에서 확인할 수 있듯이, 자동사나 형용사에 접사가 결합하여 이루어진 사동사 사동문에서는 목적격으로 실현되며, 타동사에 접사가 결합하여 이루어진 사동사 사동문에서는 부사격(목적격도 가능)으로 실현된다.

'-게 하다' 사동문

(2) 가. **나는 { 아이들이, 아이들을, 아이들에게 } 방에서 놀게 하였다.**
　나. **철수가 할아버지를 안으로 들어오시게 하였다.**
　다. **나는 동생에게 밥을 천천히 먹게 했다.** (cf. **나는 동생에게 밥을 천천히 먹였다.**)

'-게 하다'는 결합상 별다른 제약이 없어서, 대부분의 용언에 결합할 수 있다. 피사동주가 주격이나 목적격, 부사격으로 모두 실현될 수 있고(2가), '-게'의 앞에 '-시-'가 결합하여 피사동주를 높일 수 있으며(2나), 부사로 피사동주의 행위를 수식할 수 있다(2다).

'-게 하다' 사동문의 경우에는, 사동사 사동문과 달리, 사동주가 시킨 시점 및 장소가 피사동주가 행위를 하는 시점 및 장소와 다를 수 있으며, 피사동주가 행위를 하지 않을 수도 있다. 이는 피사동주의 통제력이 '-게 하다' 사동문에서 더 큼을 말해 주는데, 이에 근거하여 '-게 하다' 사동문은 '**간접사동**', 사동사 사동문은 '**직접사동**'의 의미를 갖는다고 한다.

7.1.2. 피동

어떤 행위가 주어가 가리키는 주체의 힘에 의해서가 아니라 다른 사람이나 사물에 의해 이루어지는 것을 '피동'이라고 하고, 피동의 의미를 문법적으로 일정한 방식에 의해 표현하는 것을 '피동법', 피동법에 의한 문장을 '피동문'이라고 부른다. 이에 대하여 주체의 힘으로 행위를 하는 것은 '능동'이라고 한다. 달리 정의하면, 피동문은 행위의 대상이 주어인 문장이며, 능동문은 행위의 주체가 주어인 문장이라 할 수 있다. 따라서 피동문과 능동문은 동일한 상황을 누구(무엇)의 관점에서 서술한 것인가에 따라 구별된다고 할 수 있다.

학교문법에서는 국어의 피동문으로 피동접사가 결합한 피동사 및 접사 '-되다'가 결합한 동사(예: 사용되다)에 의한 피동문과 '-어지다'에 의한 피동문을 인정하고 있다. 피동접사나 접사 '-되다'가 결합하여 이루어진 피동(아래의 (3))은 **'파생적 피동'**이라고 하며, '-어지다'에 의한 피동(아래의 (5))은 **'통사적 피동'**이라고 한다.

'불량배들에게 폭행을 당했다'와 같이 '당하다'가 쓰인 문장은 피동의 의미를 갖기는 하나, 문법적인 방식에 의한 것이 아니기 때문에 피동문으로 간주하지 않는다.

피동사 피동문

(3) **가. 쥐가 고양이에게 쫓긴다.** 〈쫓-기+ㄴ+다〉

나. 나무가 태풍에 뿌리째 뽑혔다. 〈뽑-히+었+다〉

(4) **경찰에게 운전면허증을 빼앗겼다**

(3)의 '쫓기다', '뽑히다'는 각각 피동접사 '-기-'와 '-히-'가 붙어 만들어진 것으로 피동사라 부른다. 피동접사에는 '-이-, -히-, -리-, -기-'가 있으며(예: 꺽이다, 잡히다, 밀리다, 안기다), 피동접사의 결합은 일부의 용언에만 가능하다.

(3)의 '쥐가'와 '나무가'는 행위의 대상으로 **'피동주'**라고 한다. '고양이에게'와 '태풍에'는 행위의 주체로 **'행동주'**라고 한다. 행동주는, (3)에서 확인할 수 있듯이, 유정명사일 때는 '에게'가 결합하며, 무정명사일 때는 '에'가 결합하나, 생략되는 경우가 흔하다.

(4)에서 볼 수 있듯이, 피동문에 목적어가 나타나는 경우도 있는데, 이러한 경우는 흔히 주어에 불리한 상황을 뜻하는 것으로 알려져 있다.

'-어지다' 피동문

(5) 가. 드디어 꿈이 이루어졌다.
 나. 이 제품은 정말 잘 만들어졌군요.

'-어지다'는 타동사라 하여도 결합할 수 없는 경우가 많다. 이는 '-어지다'가 보조용언으로 간주되기는 하나 접사적 성격이 강함을 말해 주는데, '-어지다'를 관례상 붙여 쓰는 것은 여기에 기인한다. 반면 형용사에는 '-어지다'가 거의 제약이 없이 결합할 수 있으며(예: 맑아지다, 넓어지다, …), 자동사에도 '-어지다'가 결합하는 일이 있는데(예: 요즘은 그 집에 잘 안 가진다), 이러한 경우는 '상태의 변화'를 뜻하며, 피동문으로 간주되지 않는다.

7.2. 시제와 동작상

7.2.1. 시제

문장이 나타내는 상황의 시간적 위치, 즉 시간개념이 문법적으로 일정하게 표현되는 것을 '**시제**'(tense)라고 한다. 상황의 시간적 위치는 특정 시점을 기준으로 하여 그보다 앞선 상황인지, 아니면 동시적인 상황인지, 혹은 뒤에 일어날 상황인지 등으로 구별한다. 이때 기준이 되는 시점을 '**기준시**'라고 하며, 언급되는 상황의 시점은 '**상황시**'라고 한다. 기준시보다 앞서는 것은 '**과거**', 동시적이면 '**현재**', 나중의 일이면 '**미래**'라고 한다.

'과거', '현재', '미래'의 의미가 문법적으로 일정하게 표현될 때, 각각 '**과거 시제**', '**현재 시제**', '**미래 시제**'라고 한다. 일반적으로 말을 하는 시점, 즉 '**발화시**'가 기준시가 되므로, '과거시제'란 발화시보다 먼저의 상황, '현재시제'란 발화시에서의 상황, 그리고 '미래시제'란 발화시보다 나중의 상황이 문법적으로 일정하게 표현되는 것을 말한다고 할 수 있다.

시제가 없는 언어도 있는데, 그 대표적인 예가 중국어이다. 시제가 없다는 것은 시간 개념을 문법적인 방식으로 일정하게 구별하지 않는다는 것을 뜻할 뿐, 시간 개념 자체를 표현하지 못한다는 뜻은 아니다. 또한 시제가 반드시 '**과거 시제**', '**현재 시제**', '**미래 시제**'의 삼분체계로 구별되는 것도 아니며, 이분체계('**과거 시제**' : '**비과거 시제**')로 구별되는 경우도 흔히 있다.

학교문법에서는 국어의 시제가 과거 시제, 현재 시제, 미래 시제의 삼분체계로 이루어지며, 각각 서술어에 선어말어미 '-었-', '-ㄴ/는-', '-겠-'이 붙어 표현된다고 본다.

> **(6) 가. 나는 어제 은주를 <u>만났다</u>. (만나+았+다)**
> **나. 철수는 지금 밥 <u>먹는다</u>. (먹+는+다)**
> **다. 이 속도로 가면 내일쯤 <u>도착하겠다</u>. (도착하+겠+다)**

'-ㄴ/는-'과 '-겠-'은 시제를 나타내는 표지로 간주하기 어렵다고 보는 견해도 많다. 이러한 관점을 취하면, 국어의 시제는 '-었-'이 있을 때 '과거'를 뜻하고 없으면 '비과거를 뜻하는 이분체계('**과거 시제(-었-)**' : '**비과거 시제(∅)**')로 이루어진다고 할 수 있다. 이어진절과 안긴절에서도 시간개념이 구별되나, 본장에서는 홑문장의 현상만 살펴볼 것이다.

현재 시제 학교문법에서는 선어말어미 '-ㄴ/는-'이 현재 시제를 나타낸다고 본다.

> **(7) 가. 철수는 지금 { 공부한다, 밥 먹는다}. (공부하+ㄴ+다, 먹+는+다)**
> **나. 오늘은 날씨가 <u>덥다</u>. (덥+∅+다) (※ '∅'은 관련 표지가 없음을 뜻한다)**

(7가)는 서술어가 동사일 때, 현재 상황에 선어말어미 '-ㄴ/는-'이 나타남을 보여 준다. (7나)에서 보듯이 서술어가 형용사인 경우에는 현재 상황을 표현할 때 아무런 표지가 없다.

서술어가 동사일 때에도 종결어미 '-다', '-구나'의 앞에만 '-ㄴ/는-'이 나타난다(지금 밥 <u>먹어</u>; <u>공부하지</u>). 이러한 점에 근거하여, (7)이 현재 상황으로 해석되는 것은 '-ㄴ/는-'의 출현에 의한 것이 아니라 과거를 뜻하는 '-었-'이 나오지 않았기 때문이라고 볼 수도 있다.

때로는 과거 상황에도 현재 시제가 쓰이는데, 생생하게 표현하는 효과가 있다.

(8) **소년은 저도 모르게 벌떡 일어섰다. 단발 머리를 나풀거리며 소녀가 막 달린다. 갈밭 사잇길로 들어섰다. 뒤에는 청량한 가을 햇살 아래 빛나는 갈꽃뿐(황순원, 소나기)**

과거 시제 과거 시제는, (9)에서 확인할 수 있듯이, 서술어의 품사에 상관없이 '-었-'으로 표현된다.

(9) **가. 어제 철수를 만났다. (만나+았+다)**
나. 지난 여름은 무척 더웠다. (덥+었+다)

'-었-'이 결합한 표현이 과거 상황을 뜻하지 않는 경우도 있다.

(10) **그 식당은 지금 문 닫았어. 다른 곳으로 가자.**
(11) **너 선생님한테 혼났다.**

(10)은 과거 어느 시점에서 문을 닫았고 그 결과가 현재까지 지속됨을 뜻한다. 이처럼 '-었-'이 현재의 상태를 뜻하는 것은 '닫다', '입다', … 등 행위의 결과가 유지될 수 있는 상황일 때에만 가능하다. (10)이 현재의 상태로 해석되기는 하나, 이는 과거 사건의 결과로서이므로, '-었-'이 과거 시제이기 때문이라고 할 수 있다.

(11)은 '선생님한테 혼날 것이 확실하다'는 뜻으로, 미래의 상황을 표현한 것이다. 이러한 확실성의 의미도 '-었-'이 과거인 것과 무관하지 않다. 과거 상황은 이미 일어난 일이므로 현재나 미래의 상황보다 확실하기 때문이다.

'-었-'은 중첩되어 쓰이기도 한다.

(12) **(a)어제 막을 내린 선수권대회에서 홍길동 선수가 우승했습니다. (b)홍 선수는 지난 해까지만 해도 상위권에 들지 못했었습니다.(못하+었+었+습니다)**

(12)에서 (b)의 상황은 (a)의 상황보다 먼저의 일로서, 여기에 '-었었-'이 쓰인 것은 과거 어느 시점보다 더 과거의 일, 즉 '과거의 과거'(혹은 '**대과거**')이기 때문이라고 할 수 있다. (12)에서와 같은 상황이 아닐 때에도 '-었었-'이 쓰이는데, 이러한 경우에는 '먼 과거', '지금은 그렇지 않은 상황' 등의 느낌이 두드러지나, 반드시 그러한 것은 아니다.

학교문법에서는 '-더-'도 과거시제를 나타낸다고 본다.

(13) 가. **영희는 공부하더라.** (**공부하+더+다**)

나. **내년부터 쌀시장이 개방되더라.** (**개방되+더+다**)

(14) 가. ***내가 담배를 피우더라.**

나. **나만 담배를 피우더라.**

(15) **여기가 [내가 공부하던] 방이야.** (**공부하+더+ㄴ**)

(13가)는 과거 상황을 표현하며, 이러한 '-더-'의 기능을 흔히 '**회상**'으로 불러 왔다. 그러나, (13나)에서는 '내년부터 쌀시장이 개방된다'는 사실을 알게 된 시점이 과거이고 '쌀시장이 개방되는 것' 자체는 미래의 상황임을 알 수 있다. 따라서 '-더-'는 어떤 상황을 과거 시점에서 알게 되었을 때('**지각**', 또는 '**인식**') 쓰이며, 상황의 시간적 위치를 직접적으로 나타내는 것은 아니라는 점에서 시제 표지로 보기 어렵다. (13)에서 보듯이 '-더-'는 자신이 직접 보거나, 듣거나, 알게 된 사실일 때에만 쓰일 수 있는데, 이러한 점에 근거하여 '-더-'가 '**과거 지각**'(또는 '**과거 인식**')을 뜻한다고 보기도 한다.

(14가)는 화자 자신의 의식적 행위에는 '-더-'가 쓰이지 못함을 보여 준다. (14가)의 현상을 '**인칭제약**'(또는 '**비동일주어제약**')이라고 부르나, (14나)에서 보듯이 '(나중에) 알게 된 사실'일 때는 화자가 주어가 될 수 있으므로 인칭과는 직접적인 관련이 없다. (15)는 관형절에서는 (14가)와 같은 제약이 성립하지 않음을 보여 준다.

미래 시제 학교문법에서는 선어말어미 '-겠-'에 의해 미래 시제가 표현된다고 본다.

(16) 가. **지금 출발하면 새벽쯤에나 도착하겠다.** (**도착하+겠+다**)

나. **이 일은 제가 반드시 끝내겠습니다.** (**끝내+겠+습니다**)

(17) 가. (결혼 날짜가 확정된 경우) ??나는 10월에 결혼하겠어.

나. 너 그동안 힘들었겠다. (힘들+었+겠+다)

(16)은 모두 미래의 상황을 표현하는데, (16가)에서는 '추측'의 의미가, 그리고 (16나)에서는 '의지'의 의미가 강하다. 그러나 (17가)는 미래의 상황이라 해도 확정된 일인 경우 '-겠-'이 나타나기 어려움을 보여 주며, (17나)는 '-겠-'이 과거 상황에도 쓰일 수 있음을 보여 준다. 이를 중시하면, '-겠-'은 '미래 시제'라기보다는 **'추측'**, **'의지'** 등을 뜻한다고 할 수 있으며, 이러한 개념은 '양태'라고 부른다.

7.2.2. 동작상

동작상 상황이 진행되고 있는지 아니면 이미 끝나서 결과가 유지되고 있는지 등, 상황의 국면을 나타내는 것을 **'동작상'**(혹은 **'상'**; aspect)이라고 한다. 국어에서 이러한 의미는 주로 보조용언에 의해 표현된다.

(18) 가. 철수는 침대에 누워 있다. (눕+어 있+다)

나. *영희가 활짝 웃어 있다. (웃+어 있+다)

다. *철수는 긴 코트를 입어 있다. (입+어 있+다)

(19) 가. 영희가 활짝 웃고 있다. (웃+고 있+다)

나. *요즘은 날씨가 덥고 있다. (덥+고 있+다)

다. 철수는 긴 코트를 입고 있다. (입+고 있+다)

(18가)에서 보듯이, '-어 있-'은 어떤 행위가 끝나고 그 결과가 유지되고 있음을 뜻하는데, 이러한 의미를 흔히 **'완료'** 또는 **'결과지속'**이라고 부른다. (18나)는 '웃다'에 '-어 있-'이 결합할 수 없음을 보여 주는데, 이는 '웃다'가 뜻하는 상황이 행위가 끝났을 때 그 결과가 지속될 수 있는 상황이 아니기 때문이다. (18다)의 '(옷을) 입다'는 행위의 결과가 지속될 수 있는 상황을 뜻함에도 불구하고 '-어 있-'이 결합할 수 없는데, 이는 '입다'가 타동사이기 때문이다. 따라서 '-어 있-'은 자동사이고 행위의 결과가 지속될 수

있는 상황일 때에만 결합한다고 할 수 있다.

(19)는 '-고 있-'이 결합한 표현들로 모두 '**진행**'의 의미를 갖고 있다. '진행'은 '동작이나 작용'임을 전제하므로 '-고 있-'은 형용사와 결합할 수 없다(19나). 앞에서 '(옷을) 입다'가 결과지속이 가능한 상황이지만 타동사이므로 '-어 있-'이 결합할 수 없음을 보았는데, 이러한 의미 특성을 갖는 타동사에는 '-고 있-'이 결합하여 '**결과지속**'의 의미를 표현할 수 있다(19다).

7.3. 높임법

7.3.1. 높임법의 개념

대화 상황에는 화자와 청자(상대방) 외에도, 문장 안의 주어가 가리키는 사람과 목적어나 부사어가 가리키는 사람이 있을 수 있는데, 전자를 '주체', 후자를 '객체'라 한다.

(20) **화자 (주어 - 목적어, 부사어 - 서술어) 상대방(청자)**
'주체' '객체'

화자는 주체를 높일 수도 있고, 객체를 높일 수도 있으며, 상대방을 높일 수도 있는데, 이를 각각 '**주체높임**', '**객체높임**', '**상대높임**'이라 부른다. 화자가 자신을 스스로 높일 수는 없으며, 낮출 수는 있는데, 이를 '**겸양**'이라고 한다. 이들의 의미가 문법적으로 일정하게 실현되는 것을 '높임법'이라 부른다.

현대국어에는 '주체높임법'과 '상대높임법'이 있다. 중세국어에는 '객체높임법'이 문법범주로 존재했으나, '-숩-'이 기능변화를 겪으면서 '객체높임법'이 소멸하였다. 현대국어에서 객체높임의 의미는 어휘적으로만 표현된다.

7.3.2. 주체높임법

주체높임법은 화자가 주체를 높이는 것으로, 선어말어미 '-시-'에 의해 표현된다.

(21) 할아버지께서 웃으신다. (웃+(으)+시+ㄴ+다)

(22) 가. (손자가 할아버지에게) 할아버지, 아버지는 일찍 나갔습니다. (나가+∅+았+습니다)

나. (할아버지가 손자에게) 너희 아버지 { 들어왔니, 들어오셨니 } ?

주체높임법은 화자, 청자, 주체 사이의 관계에 의해 영향을 받는다. (22가)의 경우, 화자의 입장에서 주체인 '아버지'는 높여야 할 사람이나, 청자가 더 높여야 할 사람이므로 높이지 않았다. 이를 **'압존법'**이라고 하는데, 가족 관계인 경우 압존법을 사용하는 것이 원칙이나, 오늘날에는 '-시-'를 사용하여 높이는 것도 허용된다(즉 '나가셨습니다'도 허용함). 사회적 관계인 경우에는 높여야 할 사람이면 청자에 상관없이 높이는 것이 원칙이다. (22나)에서처럼 화자가 주체를 높일 필요가 없는 경우에도, 청자의 입장을 고려하여 높일 수도 있다.

아래의 (23)에서처럼 주체가 높여야 할 사람과 관련된 것일 때도 '-시-'가 나올 수 있는데, 이러한 현상을 '간접높임'이라고 부른다.

(23) 가. 과장님은 직장이 가까우셔서 좋으시겠어요.

나. 선생님, 오늘 시간 { 있으세요, *계세요 }?

(23나)에서 보듯이 간접높임에서는 '있으시다'가 쓰이며, '계시다'는 자연스럽지 못하다.

7.3.3. 상대높임법

상대높임법은 화자가 상대방(청자)을 높이는 것으로, 종결형식에 의해 표현된다.

(24) 가. 철수야, 네 친구 왔다. (오-았-다)

나. 아버지, 제 친구가 왔습니다. (오+았+습니다)

(24가)와 달리 (24나)에서는 '-습니다'가 쓰였는데, 이는 청자인 아버지를 높인 것이다. '-습니다'는 선어말어미와 어말어미가 복합된 형식이므로(4.2 참조), 종결어미라고 부르기보다는 '종결형식'이라고 하는 것이 더 적절하다.

국어 상대높임법의 등급은 다음과 같다.

(25) **상대높임법의 등급(해당 형식은 7.4. 참조)**

	격식체	비격식체
[+높임]	아주높임(하십시오체) 예사높임(하오체)	두루높임(해요체)
[-높임]	예사낮춤(하게체) 아주낮춤(해라체)	두루낮춤(해체)

(26) **선생님, 여기까지 오시느라 고생 많으셨습니다(하십시오체). 많이 힘드셨죠 (해요체)?**

(25)에서처럼 '격식체'와 '비격식체'로 구별한 것은 (26)에서 보듯이 상대높임법의 등급이 섞여 쓰임을 고려한 것이다.

대화에서 사용하는 모든 문장은 (25)의 등급 중 어느 하나에 속한다. '하오체'는 남편이 아내에게 혹은 가까운 사람을 존중하여 말할 때 사용하나, 오늘날에는 거의 쓰이지 않는다. '하게체'는 비슷한 위치에 있거나 낮은 위치의 사람을 대우하여 말할 때 쓰이며, 화자와 청자가 모두 성인일 때(예를 들면 장인, 장모가 사위에게나 교수가 대학생에게) 자연스럽다. '해체'는 **'반말'**이라고도 불리며, '해체'에 보조사 '요'가 결합한 형식을 '해요체'라고 한다.

7.3.4. 그밖의 높임 표현들

다음은 주체를 높일 때 쓰이는 표현들이다.

(27) **가. 께서**

나. 주무시다, 잡수시다, 계시다

(27가)의 '께서'는 주체를 높일 때 쓰이는 주격조사이다. (27나)는 주체높임의 뜻을 갖는 용언들로서, 모두 기원적으로 '-시-'를 포함하고 있다는 점에서 공통적이다(현대 국어에서는 이들을 선어말어미로 분석할 수 없다).

'돌아가시다'는 사전에 표제어로 올라 있지 않으므로 '돌아가다'에 선어말어미 '-시-'가 결합한 형식으로 분석할 수 있으나, 오늘날은 거의 하나의 단어로 굳어졌다고 할 수 있다. '들다'는 낮은 지위의 사람에게도 쓸 수 있으나(예: 식기 전에 어서들 <u>들어</u>.), '먹다'보다는 주체를 대우하는 말이다.

다음은 객체를 높일 때 쓰이는 표현들이다.

(28) **가. 께**

나. 드리다, 여쭙다; 모시다, 뵙다

(28가)의 '께'는 객체(부사어가 가리키는 사람)를 높일 때 쓰이는 주격조사이다. (28나)의 '드리다, 여쭙다'는 부사어가 가리키는 사람을 높이는 뜻을 가지고 있고, '모시다, 뵙다'는 목적어가 가리키는 사람을 높이는 뜻을 가지고 있다.

다음의 단어들도 높임의 의미와 관련이 있다.

(29) **가. 저, 저희, 소생; 졸저**

나. <u>귀</u> 신문사; 홍길동 <u>씨</u>, 홍길동 <u>님</u>; 사장<u>님</u>, 아드<u>님</u>, 따<u>님</u>

다. 진지, 댁, 생신; 말씀

(29가)의 표현들은 화자가 자신이나 자신의 것을 낮추어 말할 때 쓰이는 표현들이다. (29나)의 '귀'는 상대 기관/단체를 높일 때 쓰이는 관형사이며, '씨'와 '님'은 사람의 이름 뒤에 쓰이는 의존명사로서 '씨'보다 '님'이 더 높인 것이다('님'이 이름 뒤에 쓰이는 것은 최근에 생겨난 용법이며, '씨'를 붙인 표현은 사적인 대화에서 윗사람에게

사용하기 어렵다). '사장님', '아드님', '따님' 등의 '-님'은 높임의 뜻을 더하는 접사이다. (29다)의 '진지', '댁', '생신'은 각각 '밥', '집', '생일'의 높임말이다. '말씀'은 남의 말을 높일 때에도 쓰이며, 화자가 자신의 말을 낮추어 이를 때에도 쓰인다.

7.4. 문장종결법과 부정문

7.4.1. 문장종결법

화자는 상대방에게 특별한 요구 없이 자신의 생각을 진술할 수도 있고, 답변을 요구할 수도 있으며, 어떤 행위를 시키거나 같이 행동할 것을 제안할 수도 있는데, 이러한 화자의 생각은 종결형식에 의해 실현되며, '**문장종결법**'(또는 문말서법)이라고 불린다.

국어의 문장종결법을 몇 가지로 보는가에 관해서는 다양한 견해가 제시되어 있으나, 학교문법에서는 평서문, 의문문, 감탄문, 명령문, 청유문의 다섯 가지로 보고 있다. 한편 종결형식은 문장종결법 뿐만 아니라 상대높임법도 실현하는데, 다음은 이를 정리한 것이다.

(30) 국어 종결형식의 체계

	해라체	하게체	하오체	하십시오체	해체	해요체
평서형	-(ㄴ/는)다	-네	-오/소	-ㅂ니다	-어	-어요
의문형	-(느)냐	-(느)ㄴ가	-오/소	-ㅂ니까	-어	-어요
감탄형	-(는)구나	-(는)구먼	-(는)구려	-	-어	-어요
명령형	-어라	-게	-(으)오	-십시오	-어	-어요
청유형	-사	-세	-	-ㅂ시나	-어	-어요

(30)에서 보듯이 '해체'와 '해요체'는 문장종결법에 따른 구별이 없다. 앞에서 '해체'를 '반말'이라고도 부름을 살펴본 바 있는데, '반말'이란 문장을 중간에서 끝맺는 현상에서 비롯된 말이다. 따라서 '반말'에서는 원래의 종결형식이 삭제됨으로 인하여 문장종결법을 구별하지 못하며, '안높임'의 기능을 갖게 된다. '반말', 즉 '해체'에서의 문장

종결법의 구별은 억양에 의해 이루어지며, 상대방을 높이고자 할 때에는 조사 '요'를 붙여 '해요체'로 표현한다.

평서문 상대방에게 특별한 요구 없이 화자의 생각을 평범하게 진술하는 문장종결법이다.

(31) **가. 비가 온다(오-ㄴ-다)**
나. 철수는 집에 갔어(가-았-어).

'-다'는 대표적인 평서형 종결어미로서, 선어말어미 '-더-', '-리-' 등의 뒤에서는 '-라'로 교체된다(예: 비가 오더라). 구어에서는 '해체'인 '-어'가 흔히 쓰인다(31나).

감탄문 청자를 의식하지 않거나 독백하는 상황에서 화자의 느낌을 표현하는 문장종결법이다. 간접인용문에서는 평서형으로 바뀐다.

(32) **가. 정말 멋지구나(멋지-구나)/멋지군(멋지-군).**
나. 아이고, 무서워라(무섭-어라).

대표적인 감탄형 종결어미는 (32가)의 '-구나'이다. '-구나'가 줄어진 '-군'은 '해체'에 속한다('-군'의 뒤에는 '요'가 결합할 수 있다). (32나)에서 보듯이 형용사에 결합하는 '-어라'는 명령형어미가 아니라 감탄형어미이다.

의문문 청자에게 질문을 함으로써 답변을 요구하는 문장종결법이다.

(33) **가. 오늘 철수 만났니? 예/아니요, … (경상도 방언: 오늘 철수 만났나?)**
나. 오늘 누구 만났니? 철수 만났어요. (경상도 방언: 오늘 누구 만났노?)

(33가)처럼 '예/아니요'의 답변을 요구하는 의문문을 '판정의문문'이라고 하며, (33나)처럼 구체적인 정보를 요구하는 의문문을 '설명의문문'이라고 한다. 설명의문문에는 의문사가 출현한다. 서울말에서는 판정의문문의 경우 끝을 올리지만, 설명의문문에서는 의문사에 힘을 주고 끝을 내린다. 경상도 방언에서는 전자의 경우 '-나'를, 후자의 경우는 '-노'를 사용한다.

한편 의문문의 형식을 취하고 있으나, 답변을 요구하는 것이 아니라 강한 긍정이나 강한 부정의 의미를 표현하는 경우도 있는데, 이러한 의문문을 '수사의문문'이라고 한다(예: 누가 그런 걸 먹겠어?).

명령문 청자에게 어떤 행위를 하도록 시키는 문장종결법이다. 간접인용문에서는 명령형어미가 '-(으)라'로 바뀐다.

(34) 가. **집에 도착하면 <u>전화해라(전화하+어라)</u>.**
나. **집에 도착하면 <u>전화하라고(전화하+라+고)/*전화해라고(전화하+어라+고) 했다</u>.**

'명령문'은 문장종결법의 명칭일 뿐, 모든 명령문이 '명령'의 의미를 뜻하는 것은 아니며, 상황에 따라 '권고'나, '부탁', '제안' 또는 '탄원'의 의미로 해석된다.

청유문 청자에게 같이 행동할 것을 제안하는 문장종결법이다. 청유문의 주어는 대개 청자와 화자를 모두 포함하나, 화자만이거나 청자만인 경우도 있다.

(35) 가. **나노 한 산 <u>벅사</u>.**
나. **표 좀 빨리 <u>팝시다</u>.**

7.4.2. 부정문

부정문이란 '부정'의 뜻을 표현하는 문장으로 국어의 부정문에는 다양한 유형이 있다.

(36) **나는 천재이다. → 나는 천재가 아니다.**

(37) **가. 철수는 오늘 학교에 안 갔다: 철수는 오늘 학교에 가지 않았다.** (가+지 않+았+다)

나. 철수는 오늘 학교에 못 갔다: 철수는 오늘 학교에 가지 못했다. (가+지 못하+았+다)

(38) **가. 내일은 나오지 마라.**

나. 이제 그 식당에서 밥 먹지 말자.

(36)에서처럼 서술어가 '체언+이다'인 문장의 부정문에는 '아니다'가 쓰인다.

(37)에서 보듯이, 서술어가 용언인 문장의 부정문은, 부정부사 '안'이나 '못'을 서술어 앞에 넣거나, 서술어로 쓰이는 용언의 어간 뒤에 '-지 않-' 또는 '-지 못하-'를 결합하여 만든다. '안'과 '-지 않(<아니하)-'에 의한 부정문을 **'안' 부정문**이라고 하며, '못'과 '-지 못하-'에 의한 부정문은 **'못' 부정문**이라고 한다. (36)의 '아니다' 부정문은 '안' 부정문에 속한다고 할 수 있다.

'안'이나 '못'을 서술어 앞에 넣어 만든 부정문은 **'짧은부정문'**, 용언의 어간 뒤에 '-지 않-' 또는 '-지 못하-'를 결합하여 만든 부정문은 **'긴부정문'**이라고 한다. '한자어+하다'의 구성을 가진 동사(예: 공부하다, …)나 합성어(예: 본받다, …)가 서술어로 쓰일 때에는 짧은부정문이 성립하기 어렵다(예: *오늘 안/못 공부했어요; *훌륭한 스승을 안/못 본받고, …)

(38)은 서술어로 쓰이는 용언의 어간에 '-지 말-'이 결합한 부정문으로, '말다' 부정문이라고 하며, 명령문과 청유문에 쓰인다. '안' 부정문과 '못' 부정문은 명령문과 청유문에 쓰이지 못한다(예: 내일 오지 *않아라/*못해라/마라; 담배를 피우지 *않자/*못하자/말자.)

'안' 부정문과 '못' 부정문의 의미

(39) **가. 올해 여름은 덥지 않았다.**

나. 나는 서울에 안 간다.

(40) 가. 나는 서울에 못 갔다.

나. 그 성과가 예상보다 좋지 못합니다.

(39가)는 단순히 부정의 뜻만을 가지고 있는 문장으로 이러한 경우를 '**단순부정**'이라고 한다. 한편 (39나)는 단순부정 외에도 '서울에 갈 생각이 없음'을 뜻할 수 있는데, 이러한 경우를 '**의도부정**'이라고 한다. '안' 부정문은 이처럼 '단순부정' 또는 '의지부정'의 의미를 뜻한다.

(40가)는 어떤 사정이 있거나 능력 부족으로 상황이 일어나지 않음을 뜻한다. '못' 부정문의 이러한 의미를 '**능력부정**' 또는 '**상황부정**'이라고 한다. 서술어가 형용일 때에는 '못' 부장문의 짧은부정문은 불가능하다. (40나)에서처럼 '바람직한 수준'을 기대치로 하여 거기에 미치지 못함을 뜻할 때는 긴부정문이 가능한데, 이를 '**불급부정**'이라고 한다.

부정극어 (NPI: negative polarity item) 다음에서 보듯이, '결코'는 부정문에만 쓰이는데, 이러한 표현을 '부정극어'라고 한다. 부정극어에는 '결코', '전혀', 'X밖에', '아무도'와 같은 표현들이 있다.

(41) 저는 그곳에 결코 { *갔습니다, 가지 않았습니다 }.

제8장

단어의 의미와 세상살이

언어는 형식(form)과 의미(meaning)의 결합체다. 형식은 일정한 모양의 음성으로 이뤄진 것으로서 의미를 담는 그릇이라 할 수 있다. 의미는 언어의 내용에 해당된다. 의미론은 언어의 내용에 대해 연구하는 언어학 분야이다. 언어의 형식으로는 '음성… 음소(음운) - 형태소 - 단어 - 문장' 등이 있다. 이 중에서 의미를 가지고 있는 것은 '형태소, 단어, 문장' 등이다.

생각 깨우기

◈ 다음은 초등학교 4학년 교실에서 선생님이 '소'의 낱말 뜻에 대해 물어보자, 여러 어린이들이 답하고 있는 상황이다.

(1)

선생님: 얘들아, '소'의 낱말 뜻에 대해 말해 보렴.

김태조: 네, 선생님. 소는 동물이에요.

변덕임: 잡으면 쇠고기가 돼 먹을 수 있는데, 참 맛있어요.

안윤숙: 주로 갈색의 털이 나 있고요, 힘이 세어서 짐을 나르거나 논밭을 가는 데 이용돼요.

차진판: 젖도 짜서 먹을 수 있어요.

선생님: 그래 참 잘 했어요. 아주 똑똑해요. 여러분들의 답을 다 모아서 정리하면 사전에 있는 뜻풀이와 거의 같아요.

◈ '소'의 의미를 ≪표준국어대사전≫에서 검색해 보면 다음과 같은 내용으로 되어 있다.

몸의 높이는 1.2~1.5미터이며 검은색, 흰색, 갈색 따위의 짧은 털이 나 있다. 뿔은 없거나 한 쌍이 있고 발굽은 둘로 갈라져 있다. 꼬리는 가늘고 긴데 끝에는 술 모양의 털이 있다. 풀 따위를 먹고 한 번 삼킨 것을 되새김한다. 옛날부터 기른 유용한 가축으로 운반, 경작 따위에 쓰인다. 고기나 젖은 식용하며 가죽, 뿔 따위도 여

러 가지로 이용한다. 세계 각지에서 기르는데 홀스타인, 에어셔, 한우 따위의 품종이 있다.

◈ 어린이들의 대답 내용을 모아보면 ≪표준국어대사전≫의 내용과 같은 것임을 알 수 있다. 어린이들의 생각이나 전문 학자들이 분석하여 정리해 놓은 내용이 같은 맥락에서 이뤄져 있음을 알 수 있다. 보통 사람들에게 물어봐도 대개 비슷한 내용으로 말한다.

◈ 그런데 평소에, 좀 이상하거나 쓸데없어 보이는 질문을 자주 그리고 끈질기게 하여 선생님을 짜증나게 만들어 온, 그러나 시험 성적은 별로인, 장영실이가 고개를 갸우뚱하면서 다음과 같은 질문을 한다.

(2)

장영실: 선생님 그런데요 좀 이상한데요.

선생님: 또 뭐가?

장열실: 선생님이 '소'의 '낱말 뜻'에 대해 물으셨잖아요.

선생님: 그래서?

장영실: 우리 집에 있는 소는 잡아먹을 수 있는 것이지만, '소'의 낱말 뜻은 먹을 수 있는 게 아니고요. 숙진이네 젖소는 젖을 짜 먹을 수 있지만, '소'의 낱말 뜻에는 젖이란 게 있을 수 없잖아요. 젖이 없는데 어떻게 짜 먹겠어요. 우리 집에서는 아침마다 소에게 쇠죽을 끓여 주는데요, 낱말 뜻에겐 쇠죽을 끓여 줄 수 없잖아요.

◈ 여러분들이라면 장영실의 질문에 대해 어떻게 답하겠는가?

8.1. 단어의 의미

8.1.1. 의미의 의미

의미론은 '의미'에 대해 연구하는 학문 분야이다. 의미론 연구의 첫걸음은 의미가 무엇인지에 대해 정의하는 것이다. 그것은 '의미의 본질(의미의 의미)'을 밝히는 것과 같다. 언어는 형식과 내용으로 구성되는데, 형식(음성…음소(음운) - 형태소 - 단어 - 문장)은 음성이 그 재료이므로 우리의 감각기관으로 확인할 수 있는 대상이다. 그런데 언어의 내용인 의미는 추상적인 것이어서 그렇게 할 수 없다. 그런 까닭으로 의미가 무엇인지에 대해 답하는 일은 쉽지 않다.

의미를 정의하는 데 이용된 방식은 의미를 '의미가 아닌 다른 무엇'과 동일시하는 것이다. 예를 들어 단어의 의미는 그것을 무엇과 동일시하느냐에 따라 다음과 같은 다양한 관점에서 정의되어 왔다.

(1) **의미의 의미**

가. 지시설

나. 개념설

다. 자극-반응설

라. 용법설

마. 의의설

위의 여러 가지 학설들 가운데 첫 번째와 두 번째 것만 간략히 소개한다. 어떠한 이론이라도 의미의 본질을 완벽하게 구명해 내지 못한다.

지시설 지시설에서는 단어의 의미를 그 단어가 지시하는 실세계(actual world)에서의 대응물과 동일시한다.

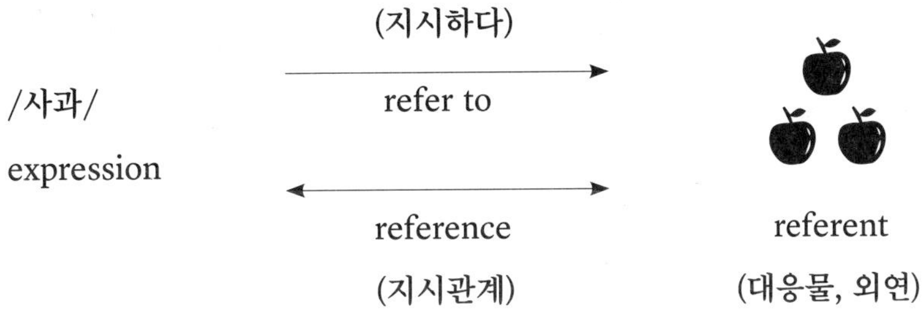

이 방식은 우리의 언어생활에서 가장 보편적으로 이용된다. 예를 들어 '사과'의 의미에 대해 물으면, 사람들은 '어른 주먹만 한 크기이고 익으면 붉은 색깔을 띠는 경우가 많으며, 시기도 하고 달기도 한 과일의 한 종류'와 같은 내용으로 답하게 된다. 그러나 이것은 사과의 의미가 아니다. 의미는 먹을 수 있는 게 아니며 달거나 신 맛을 가질 수 없다.

지시설은, 문제의 지시대상이 분명한 경우에는, 애매하고 감각적으로 확인 불가능한 것으로 인식되어 온 '의미'를 명확하고 확인 가능하며 분석 가능한 실체로 인식하게 하는 하나의 방편이 된다. 우리는 사과의 의미를 감각기관으로 확인할 수 없지만 그것의 지시대상은 그렇게 할 수 있다. 만일 지시대상을 의미와 동일시하면 결과적으로 우리는 사과의 의미를 볼 수도 있고 만져볼 수도 있으며 심지어 먹어볼 수도 있게 되는 것이다.

그러나 지시설은 지시대상이 이 세계에서 존재하지 않거나 분명하지 않은 언어 표현의 의미는 다룰 수가 없다. '불로초'나 '달을 정복한 최초의 여인'과 같은 표현은 지시대상이 존재하지 않는다. '용'이나 '귀신', '도깨비' 등도 마찬가지다. 지시설에서는 이것들을 의미가 없는 표현이라고 해야 한다. 그러나 우리는 이와 같은 표현들이 무의미한 것이라고 보는 학설에 만족할 수 없다.

개념설 개념설에서는 단어의 의미를 그 단어가 우리의 머릿속에서 불러일으킬 수 있는 관념(idea)이나 개념(thought) 또는 심리적 영상(mental image)과 동일시한다. 예를 들어 '고양이'라고 하면, 우리는 머릿속에서 어떤 생각이나 영상을 떠올리게 되는데, 그러한 생각이나 영상이 '고양이'의 의미라는 것이다.

의미를 이와 같이 보면, 앞의 지시설에서는 포기할 수밖에 없었던 몇 가지 표현의 의미 문제를 포용할 수 있게 된다. 실세계에서의 대응물은 존재하지 않으나 실제의 의사소통에서는 전혀 의미적 결함 없이 쓰이는 '불로초, 달을 정복한 최초의 여인, 도깨비, 용, 귀신 등'과 같은 표현들의 의미를 따질 수 있는 근거가 마련되는 셈이다. 이런 표현들은 지시대상은 존재하지 않지만 우리의 머릿속에서 생각이나 영상을 불러일으키는데, 그것이 곧 이들 표현의 의미라고 보는 것이다. 그러므로 이들도 의미 있는 표현이 된다.

앞의 지시적 의미론은 언어표현과, 그것이 가리킬 수 있는 실세계에서의 대응물이 직접 연결되는 것으로 보는데 비해, 여기서는 언어 표현과 실세계의 대응물은 직접적으로 연결될 수는 없고, 반드시 그것과 관련된 관념이나 개념 또는 영상 등의 심리적 대응물(매개체)을 통해야 한다고 보고, 그러한 심리적 대응물을 의미와 동일시하는 관점을 취한다. '의미의 삼각형'이라고 불리는, 다음과 같은 그림은 이와 같은 견해를 단적으로 표현하는 것이다. 기호와 대응물 사이의 점선은 양자가 직접 연결될 수 없음을 뜻한다.

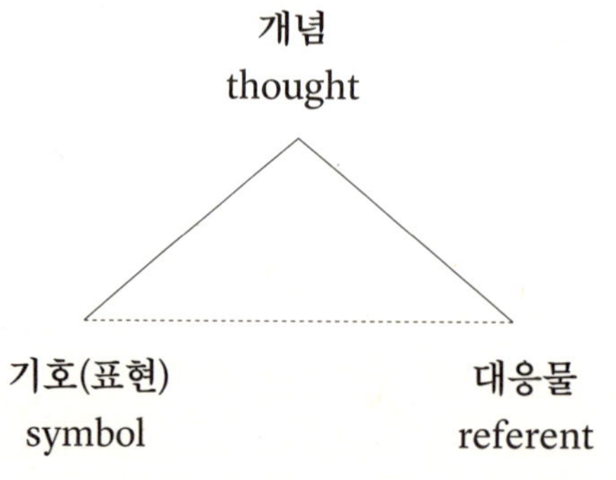

어떤 하나의 표현에 대해 가질 수 있는 심리적 영상이 사람에 따라 다를 수 있다는 점에서, 의미의 영상 이론은 의미의 문제를 오히려 불명확한 것으로 만들 가능성이 있다. 가령, '삼각형'이라는 표현에 대해 사람들이 가지는 심리적 영상이 제각각일 수 있다고 본다면, 삼각형의 의미가 그것에 따라 달라진다고 보는 결과가 되기 때문이다.

그러나 빠롤(parole)과 랑그(langue)를 구분하는 이론체계를 놓고 보면, 빠롤의 차원에서는 어떤 표현에 대해 사람마다 또는 상황에 따라 서로 다른 영상을 가지게 된다고 하더라도, 랑그의 차원에서는 어떤 공통적인 특질로서의 영상을 가지고 있는 것으로 볼 수 있다. 언어를 음성과 의미의 결합체라고 볼 때, 말소리 또한 빠롤의 차원에서는 사람마다, 상황에 따라 조금씩은 다를 수밖에 없다. '사랑(愛)'이라는 말의 소리를 엄밀하게 물리적 관점에서 따지면, 사람마다, 같은 사람이라도 말 할 때마다 천차만별일 것이고, 심리적 영상도 실연한 사람이 가지는 영상과 깊은 사랑에 빠져 있는 사람이 가지는 영상이 같을 수는 없다. 그러나 우리가 큰 불편 없이 언어를 통한 의사소통을 할 수 있는 것은 랑그의 차원에서는 어떤 공통적인 소리(청각영상)와 심리적 영상을 보유하고 있기 때문이며, 그것이 곧 시니피앙(signifiant)과 시니피에(signifié)이다. 이러한 시니피에를 보통 개념이라고 일컫는다.

의미론에서는 이러한 시니피에를 개념이라고 하고 이를 바탕으로 어휘 의미론을 전개해 나간다. 그렇다고 하여 의미의 문제가 다 해결된 것은 아니다. 의미가 무엇이냐는 질문에 대한 답이 '개념'인데, 그것 또한 추상적인 것이어서, 의미의 문제가 명료하게 인식되지 않는다. 의미의 문제를 개념의 문제로 미루고 있을 뿐이다.

8.1.2. 의미의 유형

우리가 일상적 언어생활에서 '의미'라는 이름으로 사용하는 그 내용은 몇 가지 하위 유형으로 나눌 수 있는데, 흔히들 다음과 같은 일곱 가지 유형으로 나누어 제시한다.

(2) **의미의 유형**

(i) conceptual meaning(**개념적 의미**)①

(ii) associative meaning(**연상적 의미**)

(a) connotative meaning(**내포적 의미**)②

(b) social meaning(**사회적 의미**)③

(c) affective meaning(**감정적 의미**)④

(d) reflected meaning(**반영적 의미**)⑤

(e) collocative meaning(**배열적 의미**)⑥

(iii) thematic meaning(주제적 의미)⑦

개념적 의미 개념적 의미는 어떤 표현이 쓰여지는 상황이나 쓰는 사람에 관계없이 언제나 일정하게 지니는 의미로서, 의사소통의 과정에서 핵심적 요소이며 언어의 본질적 기능을 수행하는 데 필수적이다. 개념적 의미는 외연적 의미라고도 한다. 예를 들어 '남자'라는 단어의 의미는 그것의 지시대상이 될 수 있는 모든 개체들이 공통적으로 가지고 있는 속성의 집합으로 한정할 수 있기 때문이다. 이 세상의 모든 남자가 공통적으로 갖는 속성의 집합은 '[+인간], [-암컷]'으로 한정할 수 있을 것인데, 다음과 같은 예는 그러한 의미로 쓰인 것이다.

(3) **여자의 반댓말은 남자이다.**

내포적 의미 앞에서 '남자'의 개념적 의미에 대해 언급했는데, 우리는 일상의 언어생활에서 그와 같은 개념적 의미로만 한정하여 남자라는 표현을 사용하지는 않는다. 다음의 예를 보자.

(4) **용감해야 남자다.**

(4)와 같은 쓰임을 보면, 그렇게 말한 화자는 남자의 의미로 [+용감함]과 같은 의미 자질이 더 있다고 보고 있는 것 같다.

(5) **가. [+인간], [-암컷]**
나. [+용감함]

[+용감함]의 속성은 모든 남자에게 다 있는 것도 아니고 모든 사람들이 그렇게 생각하는 것도 아니다. 이런 의미는 화자나 청자의 마음속에서 일어나는 각자의 개성적인 체험과 관련된 느낌이나 생각, 또는 정서적 연상에 기초를 둔 의미로서, 내포적 의미라고 한다. 내포적 의미를 함축적 의미라고도 한다.

사회적 의미 우리는 말을 들어 보면 말을 하는 사람들의 사회적 환경(social environment)의 차이를 짐작할 수 있다. 언어를 통해 드러날 수 있는 사회적 환경의 요소로는 연령과 성별의 차이, 직업과 사회적 지위에 따른 차이, 시대적차이와 지역적 차이, 종교적 차이 등을 들 수 있다. 예를 들어, '쪽팔린다'와 '수치(羞恥)스럽다'는 개념적 의미는 [부끄럽다]로 동일하다. 그러나 사회적 의미는 전자는 [(하류층적인)상스러움] 의미가, 후자는 [(상류층적인)교양 있음]의 의미가 연상되어 서로 다르다. 사회적 의미는 문체적 의미라고도 한다.

감정적 의미 감정적 의미는 환정적 의미라고도 하는데, 화자의 감정이나 청자에 대한 정신적 태도 등에 의해 발생하는 의미이다. 감정적 의미는 개념적 의미에 얹혀서 표현된다. 감정적 의미도 연상적 의미에 포함되는 것인 만큼, 화자든 청자든 각 개인에 따라 달라질 수 있는 성질의 의미이다. 예컨대, "기분이 참 좋다"에서 '참'을 정상적인 길이보다 더 길게 발음하면, 그만큼 그 말의 감정적 의미가 더욱 드러난다. '아이고!, 저런!, 제기랄!' 등과 같은 감탄사를 사용하여 감정적 의미를 표현할 수 있다. 문자언어로 쓰일 때는 문장 부호 등이 이러한 감정적 의미를 시각화하여 나타낸다.

반사적 의미 반사적 의미는 하나의 단어에 둘 이상의 개념적 의미가 있을 때, 하나의 개념적 의미가 또 다른 개념적 의미로의 연상을 일으키는 데서 발생하는 의미이다. 예를 들어보자. '신(神)'이라고 하면 (a)[절대자] (b)[토속 신앙적 귀신] (c)[하느님(기독교)] 등의 개념적 의미가 들어 있다. 기독교에서 제3위의 하느님을 가리키는 '성신(聖神)'의 경우, 이 경우의 '신'은 물론 (c)의 의미로 쓰인 것이겠지만 그것으로부터 (b)의 의미를 연상하게 되면, 성신이 [거룩한 하느님]이라는 뜻(개념적 의미) 외에 엉뚱하게도 [거룩한 귀신]이란 의미를 연상하게 되는데, 이러한 의미가 바로 반사적 의미이다. 반사적 의미는 반영적 의미라고도 한다.

배열적 의미 배열적 의미는 한 표현이 그것과 인접하여 배열되어 있는 다른 표현의 의미에 영향을 받아 가지게 되는 의미이다. 다음 예에서 (가)의 '아름다운'은 '여자'와 결합되어 있어서 개념적 의미로 해석된다고 보는 것이 자연스럽다. 그러나 (나)에서의

'아름다운'은 '남자'와 결합되어 있는 까닭으로 개념적 의미로 해석될 가능성이 별로 없어 보인다. (나)의 '아름다운'은 상황에 따라 [용감하다/정직하다/희생적이다 …] 등의 의미로 해석될 수 있다. 이러한 의미가 배열적 의미이다. 배열적 의미는 연어적 의미라고도 한다.

(6) 가. 아름다운 여자

나. 아름다운 남자

주제적 의미 주제적 의미로는 대개 의도적 의미(intended meaning)와 초점적 의미(focus)를 언급한다. 의도적 의미는 화자가 발화 당시에 특정한 표현을 통해서 꼭 전달하고자 하는 의미로서, 그러한 특정 상황에서만 잠정적으로 나타나는 의미이다. 그러나 의도적 의미가 개념적 의미와 전혀 무관한 것이 될 수는 없다. 다음 시에서 '걸레'란 표현을 통하여 전달하고자 한 화자의 의미는 '의도적 의미'라고 할 수 있다. 그것이 특정 상황에서만 의도된 것이기 때문에 애매성을 제고(提高)하게 된다.

(7) 『걸레』(고은)

바람 부는 날
바람에 빨래 펄럭이는 날
나는 걸레가 되고 싶고
비굴하지 않게 걸레가 되고 싶구나.
우리나라 오욕과 오염
그 얼마냐고 묻지 않겠다.
오로지 걸레가 되어
단 한군데라도 겸허하게 닦고 싶구나.

화자가 하나의 문장 속에서 특별히 어떤 단어를 강조하고자 할 때에 그 단어는 초점적 의미를 갖는다. 즉, 표현하고자 하는 내용을 어떤 순서로, 어디에 초점을 두어 강조하느냐 하는 문장 구성법에 따라, 보다 구체적으로 드러나는 의미이다. 다음 예에서 보면 (가)의 '너였구나'에 초점적 의미가 생긴다.

(8) 가. 너였구나, 매일 아침 화단에 물을 준 사람은.
나. 매일 아침 화단에 물을 준 사람은 너였구나.

8.1.3. 다의성

언어는 형식과 내용으로 나눌 수 있다고 했다. 단어의 형식을 이름 또는 명칭(name)이라 하고 내용을 의미(meaning)라고 할 때, 그러한 단어의 의미는 좀 복잡한 특징이 있다. 단어에 따라 의미가 단순한 것도 있고 다양한 것도 있다. 하나의 단어가 어떤 의미를 가지고 있는지를 쉽게 확인하는 방법은 국어사전을 검색하는 것인데, 《표준국어대사전》을 이용하여 보자. 예를 들어 '휴대전화'라는 단어의 의미는 다음과 같이 기술되어 있다.

(9) 휴대전화의 의미
●손에 들거나 몸에 지니고 다니면서 걸고 받을 수 있는 소형 무선 전화기.
≒핸드폰·휴대폰.

위 자료에서 보듯이, 사전에 실려 있는 휴대전화의 의미는 한 가지의 내용을 담고 있어 단순하다. 그런데 '먹다'라는 단어를 찾아보면, '먹다$_{01}$', '먹다$_{02}$'와 같이 표제어가 2개 있는데, 그 중에서 먹다$_{02}$의 의미를 보면 매우 다양한 내용으로 구성되어 있다. 먹다$_{02}$의 의미는 총 20가지의 내용으로 구성되어 있는데, 이런 점을 보면 단어에 따라 그것의 의미 내용에 큰 차이가 있음을 알 수 있다.

(10) 먹다$_{02}$의 의미
[1]
① 음식 따위를 입을 통하여 배 속에 들여보내다.

② 담배나 아편 따위를 피우다.
③ 연기나 가스 따위를 들이마시다.
④ 어떤 마음이나 감정을 품다.
⑤ 일정한 나이에 이르거나 나이를 더하다.
⑥ 겁, 충격 따위를 느끼게 된다.
⑦ 욕, 핀잔 따위를 듣거나 당하다.
⑧ (속되게) 뇌물을 받아 가지다.
⑨ 수익이나 이문을 차지하여 가지다.
⑩ 물이나 습기 따위를 빨아들이다.
⑪ 어떤 등급을 차지하거나 점수를 따다.
⑫ 구기 경기에서, 점수를 잃다.
⑬ (속되게) 여자의 정조를 유린하다.
⑭ 매 따위를 맞다.
⑮ 남의 재물을 다루거나 맡은 사람이 그 재물을 부당하게 자기의 것으로 만들다.

[2]【…에】
① 날이 있는 도구가 소재를 깎거나 자르거나 갈거나 하는 작용을 하다.
② 바르는 물질이 배어들거나 고루 퍼지다.
③ 벌레, 균 따위가 파 들어가거나 퍼지다.
④ 돈이나 물자 따위가 들거나 쓰이다.

[3] 보조동사
앞말이 뜻하는 행동을 강조하는 말. 주로 그 행동이나 그 행동과 관련된 상황이 마음에 들지 않을 때 쓴다.

휴대전화와 같이 명칭에 대응되는 의미가 한 가지 내용인 경우와 먹다$_{02}$와 같이 명칭에 대응되는 의미가 여러 가지 내용인 경우를 구분할 수 있다. 전자는 의미를 구성하는 항목이 단 하나이고 후자는 둘 이상이라고 할 수 있다. 만일 '의미를 구성하는 항목'을 '의항(sense)'이라고 한다면, 전자는 단 하나의 의항만을 가진 단어 유형이고 후자는 둘 이상의 의항을 가진 단어 유형에 해당된다.

하나의 의항만을 가진 단어를 단의어(monosemy)라 하고 둘 이상의 의항을 가진 단어를 다의어(polysemy, polysemant)라 한다. 결과적으로 단의어는 하나의 명칭에 하나의 의항이 결합되어 있는 것이고, 다의어는 하나의 명칭에 둘 이상의 의항이 결합되어 있는 것이다. 달리 표현하면, 단의어는 하나의 단어 안에서 명칭과 의항의 결합이 '일 대 일'의 관계를 가진 단어이고 다의어는 '일 대 다(多)'의 관계를 가진 단어이다.

어떤 언어든지 간에 단어들은 대부분 다의어이다. 삼라만상(森羅萬象) 자체도 복잡할 뿐더러 우리의 세계가 점차 더 복잡해지므로, 우리가 나타내어야 할 내용(의미)은 무한하다고 해야 할 정도다. 그러나 그것에 따라 형식(명칭)을 무한히 늘린다면 사람의 기억이 감당할 수 없게 된다. 하나의 명칭이 둘 이상의 의항을 가지는 경우가 많이 생길 수밖에 없다.

다의어에 있는 둘 이상의 의항들은 서로 의미적 관련성이 있다. 다의는 하나의 의항으로부터 새로운 의항이 파생되어 형성되는데, 전자를 중심의미 후자를 주변의미라고 한다.

① [음식 따위를 입을 통하여 배 속에 들여보내다] (중심의미)
→ **② [담배나 아편 따위를 피우다] (주변의미)**
→ **③ [연기나 가스 따위를 들이마시다] (주변의미)**
…

새로운 대상이나 개념을 이해하고 표현해야 할 때, 그것과 유사한 의미를 가진, 이미 알고 있어 친숙한 단어를 비유적으로 이용하면 쉽다. 시간이 흘러 나이가 많아지는 것을 '나이를 먹다'라고 한다. 사람들이 [나이가 많아짐]을 [음식 따위를 입을 통하여 배 속에 들여보냄]과 유사하다고 생각한 결과이다. 이것은 은유에 의해 의미전이가 일어나고 결과적으로 의미가 확대된 것인데, 나머지 주변의미들도 모두 마찬가지다.

환유에 의해 의미가 확대된 경우도 있다. 예를 들어 《표준국어대사전》을 보면, '손$_{01}$'에는 다음과 같은 많은 의항이 열거되어 있다.

(11) 손$_{01}$의 의미

① 사람의 팔목 끝에 달린 부분. 손등, 손바닥, 손목으로 나뉘며 그 끝에 다섯 개의 손가락이 있어, 무엇을 만지거나 잡거나 한다.

② =손가락.

③ =일손「3」(일을 하는 사람)

④ 어떤 일을 하는 데 드는 사람의 힘이나 노력, 기술.

⑤ 어떤 사람의 영향력이나 권한이 미치는 범위.

⑥ 사람의 수완이나 꾀.

중심의미(사람의 팔목 끝에 달린 부분)와 나머지 주변의미들은 환유의 관계에 있다. 예를 들어 의항②는 '손에 반지를 끼우다'와 같은 표현에서처럼 '손'이 '손가락'의 의미로 쓰인 것이다. 그리고 의항③은 '일손이 부족하다'와 같은 표현으로 쓰이는데, 일할 사람이 부족한 상황에서 하는 말이다. 이들은 전부 '전체-부분'의 환유에 해당되는데, 이러한 과정을 거쳐 의미전이가 일어나 의미가 확대되었다.

다의어와 유사한 구조를 취하고 있는 것으로 동음(이의)어(homonym)가 있다.

(12) 가. 눈(이 아프다) - 눈(이 온다)

나. 배(를 타고 왔다) - 배(가 참 맛있다) - 배(가 부르다)

다. 은행(에 다녀왔다) - 은행(이 참 많이 열렸다)

라. 말(을 잘한다) - 말(이 달린다) - (쌀 한) 말(을 가져왔다)

동음어는 동일한 형태의 명칭에 둘 이상의 의항이 대응되는 꼴을 취한다는 점에서 다의어와 비슷해 보이나, 그 구조는 다르다. 다의관계는 하나의 단어 안에 존재하는 관계로서, 하나의 명칭에 의미적 관련성이 있는 둘 이상의 의항들이 대응되어 있는 구조지만, 동음(이의)관계(homonymy)는 동일한 형태의 명칭을 가진 둘 이상의 단어들 사이에서 존재하는 관계로서, 동일한 형태의 명칭에 서로 의미적 관련성이 없는 의항들이 대응되어 있는 구조이다. 동음어들은 대개 각각 독립된 서로 다른 단어들이 우연하게 또는 어떤 다른 이유로 명칭의 형태가 같아지게 됨으로써 만들어진 것이다.

어떤 언어든지 적지 않은 양의 동음어들이 있다. 동음어들은 각각 독립된 단어들이므로 사전에서도 독립된 표제어로 실린다. 《표준국어대사전》을 보면 표준어로서 '눈'이란 동일한 형태의 명칭을 가진 동음어들은 전부 다음과 같다.

(13) 눈$_{01}$: **눈이 아프다.**
눈$_{02}$: **저울의 눈을 속인다.**
눈$_{03}$: **그물의 눈이 작다.**
눈$_{04}$: **눈이 온다.**
눈$_{05}$: **봄이 되니 온갖 식물의 눈이 트고 있다.**

동음어는 형태적 관련성만 있을 뿐 의미적 관련성이 없는 단어들의 집합이므로 의미론의 연구대상이라 보기 힘들다. 다음 예들을 보면서 단의어 다의어 동음어 등의 용어에 대해 정리해 본다.

(14) **'길다' 관련 사전 내용**

길다$_{01}$(동사)
● **머리카락, 수염 따위가 자라다.**

길다$_{02}$(형용사)
① **잇닿아 있는 물체의 두 끝이 서로 멀다.**
② **이어지는 시간상의 한 때에서 다른 때까지의 동안이 오래다.**
③ **글이나 말 따위의 분량이 많다.**
④ **소리, 한숨 따위가 오래 계속되다.**

위의 자료에는 두 개의 서로 다른 단어인 '길다$_{01}$'과 '길다$_{02}$'가 있다. 길다$_{01}$은 의항이 하나뿐이므로 단의어이다. 길다$_{02}$는 둘 이상의 의항이 있으므로 다의어인데, 이러한 의항들 사이의 관계를 다의관계라고 한다. 그리고 두 단어는 동음관계에 있으므로 동음어인데, 이러한 단어들 사이의 관계를 동음관계라고 한다. 다의관계는 한 단어 안에 있는 의항과 의항 사이의 관계(의미 관계)이고, 동음관계는 형식(명칭)이 동일한 둘 이상의 단어들 사이의 관계이다.

8.2. 단어의 세상살이

8.2.1. 낱말밭의 형성

사람들도 혼자 살아가는 경우는 잘 없다. 형제자매와 같은 가족과 학우와 직장동료 등등의 관계 속에서 살아간다. 우리가 살아갈 때 형성하는 그룹은 여러 가지 관점에서의 공통점을 가지고 있다. 형제자매는 혈연의 공통점이 있고, 학우들은 학업이라는 목표의 공통점이 있으며, 직장동료들은 사회적 삶터의 공통점이 있다. 단어들도 그룹을 형성하여 이리저리 얽혀 살아간다. 단어들이 형성하는 그룹은 의미의 공통점이 있다. 의미의 공통점에 바탕을 두고 형성되는 단어들의 그룹을 낱말밭(어휘장 lexical field)이라고 한다.

하나의 그룹 속에 속한 사람들도 서로 경쟁하고 보완하는 등과 같은 방식으로 상호 영향을 미치며 살아간다. 언니와 동생이 같이 살면 서로 여러 가지로 영향을 주고받을 수밖에 없다. 부모의 사랑을 놓고 경쟁할 수도 있고, 수박을 나눠 먹을 때도 경쟁할 수 있다. 언니가 집안에 없을 땐 언니 앞으로 온 택배를 대신 받아줄 수도 있다. 단어들도 마찬가지다. 아래의 두 가지 낱말밭의 단어들은 모두 성적 평가의 의미를 가진다는 점에서 공통점을 가지고 있고, 한 단어의 의미는 다른 단어들의 의미에 따라 달라지는 영향 관계에 있다. 예를 들어, 다음과 같은 성적평가어 체계에서 '미'의 의미(가치)는 그것 자체만으로 결정될 수 없고, 전체 체계 속에서 그것이 차지하는 위치에 따라 달라질 수밖에 없다.

(1) [성적평가]의 낱말밭

<table>
<tr><td colspan="20">수</td><td colspan="20">우</td><td colspan="20">미</td><td colspan="20">양</td><td colspan="20">가</td></tr>
<tr><td colspan="100">평가되는 성적의 분절(1)</td></tr>
<tr><td colspan="100">평가되는 성적의 분절(2)</td></tr>
<tr><td colspan="25">매우 잘함</td><td colspan="25">잘함</td><td colspan="25">보통임</td><td colspan="25">노력요함</td></tr>
</table>

동일한 공통 의미를 가진 낱말밭도 언어에 따라 그 내부구조(분절구조)가 다를 수 있다. 다음은 [형제자매]라는 동일한 의미를 가진 단어들의 낱말밭이 한국어와 영어가 서로 다름을 보여 주는 예이다.

(2) [형제자매]의 낱말밭

<table>
<tr><th colspan="2">한국어</th><th>영어</th></tr>
<tr><td>형</td><td>오빠</td><td rowspan="2">brother</td></tr>
<tr><td colspan="2">아우, (남)동생</td></tr>
<tr><td>누나</td><td>언니</td><td rowspan="2">sister</td></tr>
<tr><td colspan="2">누이, 아우, (여)동생</td></tr>
</table>

언어가 사람의 생각에 영향을 미칠 수 있다고 한다. 서로 다른 언어를 말하는 사람들은 서로 다른 생각을 할 수 있다는 것이다. 이러한 점을 언어 상대성이라고 한다. 각 개별 언어마다 낱말밭의 내부 구조가 다를 수 있다면 그 말을 하는 토박이 화자들의 생각에도 차이가 있을 수 있다. 위 예를 보면, 한국어 토박이 화자들은 '형, 오빠, 아우, 누나, 언니' 등이 어떻게 같고 다른지 비교적 쉽게 인지할 수 있을 것이나, 영어 토박이 화자들은 상대적으로 그렇지 않을 것이다. 특정한 개념을 나타내는 낱말이 있는 언어의 토박이 화자와 그것이 없는 언어의 토박이 화자가 문제의 개념을 이해하는 데 차이가 있을 수 있다는 주장은 자연스러워 보인다. 만일 그러한 차이가 있다면 이것은 언어가 사람의 생각에 영향을 미친다는 주장의 근거가 된다. 그러나 낱말이 없다고 하여 그러한 개념의 이해 자체가 불가능한 것은 아닐 것이다.

8.2.2. 낱말밭의 생활

사람들이 함께 살아가는 그룹도 그 내부 구조가 바뀔 수 있다. 언니와 동생이 한 집에서 살아왔는데, 언니가 출가를 하면 구성 요소가 하나 줄고, 그리하여 동생의 물리적 영역이 확대된다. 언니가 쓰던 방을 자신의 드레스 룸으로 쓸 수 있다. 그러다 셋째가 태어나 성장하게 되면 그 방을 뺏길 수도 있다. 단어들도 마찬가지다. 하나의 낱말밭도 여러 가지 이유로 내부 구조에 변화가 생길 수 있다.

현대국어는 사람의 연령적 성숙도를 가리키는 말 '어리다, 젊다, 늙다'가 하나의 밭을 형성하고 있는데, 중세국어는 이 밭의 구성 요소가 '졈다, 늙다' 두 개밖에 없었다. 청년도 젊은 사람이라 하고 갓난아이도 젊은 사람이라 하였다. 만일 언중들이 청년과 갓난아이의 연령적 성숙도를 말로써 구분하고자 한다면, 새로운 구성요소가 필요하다. 사람들은 일을 하다가 연장이 부족하면 이웃집에서 빌려 쓸 생각을 손쉽게 한다. 한번 빌리면 잘 갚지 않으려 하고, 빌려준 쪽은 어쩔 수 없이 새로 만들어 보충하는 경우가 허다하다. 언어의 세계에서도 동일한 일이 벌어진다. 청년과 갓난아이의 연령적 성숙도를 말로써 구분하고자 하는 욕구를 실현하기 위해 이웃의 낱말밭에서 '어리다'를 빌려 오고, 빌려준 쪽에서는 '어리석다'라는 단어를 새로 만들어 보충하게 되었다. '어리다'가 새롭게 편입됨으로써 '졈다'의 의미 영역이 축소된 것은 물론이다. 다음은 그러한 과정을 나타낸 것이다.

(3) [성숙함]의 낱말밭과 그 변화

<table>
<tr><th colspan="4">[성숙함]</th></tr>
<tr><td colspan="2">[정신적 성숙함]</td><td colspan="2">[연령적 성숙함]</td></tr>
<tr><td>智慧롭다</td><td>어리다</td><td>졈다</td><td>늙다</td></tr>
</table>

⇒

<table>
<tr><th colspan="5">[성숙함]</th></tr>
<tr><td colspan="2">[정신적 성숙함]</td><td colspan="3">[연령적 성숙함]</td></tr>
<tr><td>智慧롭다</td><td>어리석다</td><td>어리다</td><td>졈다</td><td>늙다</td></tr>
</table>

제9장

문장의 의미와 쓰임

생각 깨우기 1

◈ 언니는 마루에 앉아 있고 동생은 방안에 있는 상황에서, 이웃집 할머니가 대문 안으로 들어오면서 다음과 같이 말한다면, 동생은 기분이 나쁠 수 있다.

(1) **이 집은 언니는 예쁘네.**

@ 동생이 기분 나빠할 만하다고 생각하는 사람들은 그 까닭을 말해 보라.
@ 동생이 기분 나빠할 이유가 없다고 생각하는 사람들은 그 까닭을 말해 보라.

생각 깨우기 2

◈ 옛날 어떤 사람이 산길을 가는데, 어떤 사내아이가 한 무덤 앞에 엎드려 슬피 울고 있었다. 그 사람이 물었다. "그 무덤이 누구의 무덤이기에 그리도 슬피 우느냐?" 그 아이가 머리를 치켜들더니 당돌한 느낌으로 다음과 같이 말했다.

(2) **이 무덤의 아버지가 우리 아버지 장인이오.**

@ 이 말이 참말이 되기 위해서는 무덤의 주인공이 누구여야 될까?
@ 이 말이 참말이 되기 위한 경우는 모두 몇 가지일까?

9.1. 문장의 의미

9.1.1. 참말과 거짓말

앞에서 단어의 의미를 놓고 그 본질이 어떤 것이냐에 대해 몇 가지 학설을 검토해 보았고, 어떤 이론이든지 완벽하지 않음에 대해 언급한 바 있다. 문장의 의미도 마찬가지다. 문장의 의미 본질을 따지는 것도 쉽지 않다. 대표적인 이론이 문장의 의미를 그 문장의 진리조건과 동일시하는 것이다. 이를 진리조건 의미론이라고 한다.

(1) **옥희는 예쁘다.**

위 문장의 의미는 어떤 것일까? 말이 문장으로 이뤄진다고 가정하고 얘기를 풀어나가 보자. 우리는 보통 말이 참말 아니면 거짓말이라고 생각한다. 그것은 곧 우리가 문장을 그 내용이 참이냐 거짓이냐로 따지면서 살아간다는 뜻이다. 어떤 사람이 '누가 예쁘다'고 하면, 다른 사람은 동의하기도 하고 부정하기도 하는데, 동의하는 것은 그것이 참말이라고 생각하는 것이고 부정하는 것은 거짓이라고 생각하는 것이다. 문장의 진리조건이란 그 문장이 참말이 되는 조건이다. 그러면 위 문장이 참이 되는 조건은 어떤 것일까?

진리조건 의미론은 어떤 언어에 속하는 문장들 하나하나가 어떤 상황(조건)에서 참이 되고 거짓이 되는지를 밝혀 주는 것을 목표로 삼는다. 한 문장이 참이 된다는 것은 무엇을 의미하는가? 전통적으로 '참'은 실제(reality)와의 일치를 뜻한다. 사실은 사실로, 사실이 아닌 것은 아닌 것으로 말하는 것이 참말이며, 없는 것을 있다고, 또는 있는 것을 없다고 하는 것은 거짓말이다. 참이라는 것은 그것과 부합하는 상황이 실제로 존재하는 것이고, 거짓은 그와 같은 상황이 존재하지 않는 것이다.

위 (1)의 예문은 옥희가 예쁘면 참이고 그렇지 않으면 거짓이다. '옥희가 예쁘다'는 것이 실제의 상황과 일치하면 참이고 그렇지 않으면 거짓이다. 우리는 실세계를 조사하여 이 내용과 부합하는 상황이 존재하는지 여부를 탐구해야 한다. 이러한 방식은 언어 이외의 세계인 실세계를 조사하여 언어의 의미를 분석하는 접근법이다. 그러면 내용과 부합하는 상황이 실재하는지 여부는 어떻게 따져야 할까? 이 세상의 모든 사람을

'예쁜 사람'과 '예쁘지 않은 사람'으로 나눌 수 있다고 보고, 예쁜 사람의 집합을 B라고 하자. 그러면 실세계에 있는 집합 B를 조사해 보면 이 말의 참/거짓을 따질 수 있다. 옥희가 집합 B 안에 들어 있으면 참이고 그렇지 않으면 거짓이다. 결국 [옥희가 집합 B의 원소이다]와 일치하는 실제의 상황이 (1)의 의미가 된다. 그것은 옥희가 집합 B의 원소라고 단언하고 있을 뿐 옥희 이외의 인물에 대해서는 기술하고 있지 않다. 다시 말하면, 옥희 이외의 어떤 인물의 미적인 수준도 이 문장의 진리조건과는 무관하다.

우리가 말을 통해 전달하는 내용은 진리조건만은 아니다. 진리조건 외에도 다양한 내용을 전달할 수 있다. 그러한 까닭으로 하나의 문장이 전달하는 것처럼 보이는 내용 중에는 진리조건과 무관한 것도 있다. "옥희는 예쁘네"라고 말하면, 옥희 바로 옆에 있는 옥희 친구는 기분이 좀 그시기할 수 있다. 진리조건만을 문장의 의미라고 보면, 나머지 내용은 의미가 아닌 것이 된다.

아래 두 문장의 의미를 분석해 보자. 그것은 이들 문장이 어떠한 경우에 참이 되는지를 따지는 것과 같다.

(2) 가. 수호는 왔더라.
나. 수호만 왔더라.

위 두 문장이 전할 수 있는 내용은 다음과 같은데, 괄호 속에 있는 내용만이 진리조건에 해당된다. (가)는 수호가 온 상황이면 참이 되고, 다른 사람들이 왔는지 안 왔는지는 그것과 무관하다. (나)는 수호가 왔고 다른 사람들은 모두 오지 않은 상황이어야만 참이 된다. (가)에서 '다른 사람들은 오지 않았다'와 같은 내용이 묻어나는 것 같지만, 이는 진리조건은 아니다.

(3) 가. [수호가 왔다]. 그리고 수호 이외의 사람들이 안 왔다.
나. [수호가 왔다. 그리고 수호 이외의 사람들이 안 왔다].

다음의 두 문장은 참이 되는 조건이 같을까 다를까? 그리고 이들 문장에서는 진리조건으로 포착할 수 없는 어떤 의미가 있는데, 그것은 어떤 내용일까? 두 문장이 참이 되는 조건은 같다. 봉규와 진선이가 부부이어야 한다. 그러나 (가)는 봉규가 화제(topic)이고 (나)는 진선이가 화제인데, 이러한 점은 진리조건과는 무관하다.

(4) 가. 봉규는 진선이의 남편이다.
나. 진선이는 봉규의 아내이다.

그리고 다음의 두 문장은 참이 되는 조건이 같을까 다를까? 그리고 이들 문장에서도 진리조건으로 포착할 수 없는 어떤 의미가 있는데, 그것은 어떤 내용일까?

(5) 가. K씨는 한국인이어서 용감하다.
나. K씨는 한국인이지만 용감하다.

'K씨가 한국인이고 용감한 성품이라'는 동일한 조건에서 두 문장은 참이 된다. 따라서 진리조건적 의미는 같다. 그러나 (가)는 '한국인은 대개 용감하다'는 의미를, (나)는 '한국인은 대개 용감하지 않다'는 의미를 드러내는데 그것은 화자가 그렇게 생각한다는 뜻이다.

9.1.2. 중의성과 모호성

앞에서 다의어와 동음어를 소개하면서, 동일한 형태에 둘 이상의 의항이 관련되어 있는 경우를 소개했는데, 문장도 유사한 경우가 있어, 하나의 문장이 둘 이상의 뜻으로 해석되기도 한다. 하나의 문장이 둘 이상의 뜻으로 해석되는 것은 중의성(ambiguity)과 모호성(vagueness)이란 관점에서 분석한다.

중의성에는 어휘적 중의성(다의어 중의성과 동음어 중의성)과 구조적 중의성 그리고 작용역 중의성이 있다. 문장 속에 포함되어 있는 다의어 때문에, 두 가지 이상의 의미해석이 가능해지는 경우를 다의어 중의성이라고 하는데, 다음과 같은 예를 들 수 있다.

(6) 저기 곰이 오고 있다.

가. [진짜 곰이 오고 있는 경우]

나. [어떤 미련한 사람이 오고 있는 경우]

동음어 중의성은 문장 속에 포함되어 있는 동음어 때문에 두 가지 이상의 의미해석이 가능해지는 경우이다. 다음이 그 예다.

(7) 말이 많다

가. 말[馬]이 많다.

나. 말[斗]이 많다.

다. 말[言]이 많다.

문장을 구성하고 있는 단어들은 한 가지 해석만 가능한 것이나, 단어들 사이의 통사적 관계가 둘 이상으로 해석됨으로써 생기는 중의성을 구조적 중의성이라고 한다.

(8) 당신은 〈누구의〉 〈방문〉을 원하느냐?

'누구'와 '방문'은 의미상으로 다음과 같은 두 가지의 통사구조적 관계를 형성할 수 있어, 각 구조마다 다른 의미해석이 이뤄진다.

(9) 가. 주어 - 술어의 관계: [당신은 누가 당신을 방문해 주기를 원하느냐?]

나. 목적어 - 술어의 관계: [당신은 당신이 누구를 방문하기를 원하느냐?]

구성성분구조가 두 가지 이상으로 분석될 때 생기는 중의성도 구조적 중의성이라고 한다. 다음의 (가)에서는 아름다운 것이 신부의 드레스이고 (나)에서는 신부여서 뜻이 다르다.

(10) 아름다운 신부의 드레스

가. [아름다운] - [신부의 드레스]

나. [아름다운 신부의] - [드레스]

양화사나 부사, 부정어와 같이 작용역을 가지는 단어가 한 문장 안에 둘 이상 있을 경우, 그것들의 작용역(지배범위)이 달라지면 중의성이 생긴다.

(11) 학생들이 다 오지 않았다.

가. 온 학생이 없는 경우

나. 일부는 오고 일부는 오지 않은 경우

위의 두 가지 뜻은 부사어 '다'가 수식하는 범위 및 부정어 '않았다'가 부정하는 범위가 달라짐으로서 생겼다. 첫 번째에서는 '않았다'가 '오지'를 지배하고 '다'는 '오지 않았다'를 지배한다. 두 번째에서는 '다'가 '오지'를 지배하고 '않았다'는 '다 오지'를 지배한다. 첫 번째는 '오지 않은 사람이 전부 다'란 뜻이고, 두 번째는 '전부 다 온 것은 아니라'는 뜻이다. 이러한 중의성을 작용역 중의성이라고 한다.

모호성(vagueness)은 문장의 표현 그 자체의 미비점 또는 불완전성 때문에 생기는 의미해석상의 혼란을 일컫는 것이다.

(12) 철수가 '김교수의 책'을 가져갔다.

가. 김교수가 '저술한' 책

나. 김교수가 '보유한' 책

다. 김교수가 '번역한' 책

...

(13) 철수가 '영희의 책'을 가져갔다.

가. 영희가 '산' 책

나. 영희가 '빌린' 책

...

앞의 예와 같이 쓰인 관형격 조사 '의'는 상황에 따라 여러 가지 해석이 가능한데, 그것을 체계적으로 예측할 수가 없다. 교수와 관련된 것인지 학생으로 보이는 사람과 관련된 것인지에 따라 자연스럽게 떠오르는 해석이 다를 수 있다. 그렇다고 하여 언제나 그렇다고 못 박을 수는 없으며, 상황이 달라지면 다른 해석도 얼마든지 가능하다. 이러한 현상은 정확하게 표현해야 할 것을 편의상 단순하게 표현한 데서 오는 의미해석상의 혼란이다.

9.2. 문장의 쓰임

언어는 인간의 의사소통의 수단이며, 언어를 통해 의사소통을 한다는 것 자체가 인간과 여타 동물을 구분하는 인간 정체성의 핵심이다. 언어를 통한 의사소통에 대한 연구야말로 언어의 본질에 대한 연구이며, 인간 정체성에 대한 연구라 할 수 있다.

바로 앞에서 우리가 말로 전달하는 것이 진리조건만은 아님에 대해 암시적으로 언급한 바 있다. 언어를 통한 의사소통이 언어의 본질적 특성이라면, 언어의 의미에 대한 연구가 진리조건에만 한정되어서는 안 된다. 언어는 우리의 일상적 언어생활에서 다양한 기능을 한다. 진리조건 외에 다양한 내용을 전달할 수 있다. 언어가 우리의 삶 속에서 어떠한 기능을 수행하며 살아가고 있는지에 대해 탐구하는 것이 언어의 본질을 밝히는 데 핵심이 된다고 보는 관점이 있어 왔으며, 그러한 관점에서 이뤄진 많은 연구가 있다. 언어는 이 세상에서 어떠한 기능을 하며 살아가는가, 어떠한 용도로 쓰이고 있는가, 즉 언어의 세상살이에 대해서 몇 가지 항목으로 따져 본다.

9.2.1. 행위로서의 쓰임

언어가 인간의 의사소통 과정에서 어떠한 기능을 하는가에 대해 연구하는 대표적인 언어학 분야가 화행이론(발화행위이론 speech act theory)이다. 화행이론은 진리조건을 언어 이해의 핵심으로 보는 견해를 비판하고, 언어 쓰임의 다양성을 구체적인 일상 언어의 분석을 통해 보여 주고자 했다. 화행이론에서는 진리조건 의미론과는 달리 문장을 그것이 구체적인 맥락(context) 속에서 어떠한 의미로 쓰이고 있느냐에 초점을 두고 연구한다. 문장이 맥락 속에서 쓰인 것을 발화(utterance)라고 하는데, 화행이론은 발화의 의미를 연구하는 것이다.

화행이론에서는 사람이 말을 한다는 것은 행위를 수행하는 것이라고 한다. 우리의 일상적 언어생활은 말을 이용한 행위 수행의 연속이라는 것이다. 화행이론에서는 하나의 발화행위를 통해서 다음과 같은 세 가지의 행위가 수행된다고 한다.

(1) 가. **언표행위**(locutionary act)
    나. **언표내적행위**(illocutionary act)
    다. **언표달성행위**(perlocutionary act)

이 세 가지 행위 중에서 의사소통 과정에서 핵심적 역할을 하는 것이 언표내적 행위이다. 이것은 화자의 의도가 언어로 표현된 것으로서, '명령 요청 질문 제안 약속 경고 축하 위로 협박 선언 칭찬 비난 등'의 많은 예를 들 수 있다.

(2) 가. (재수) : **이것 좀 같이 먹자.**
    나. (경자) : **방금 저녁을 먹고 와서.**

재수는 자신의 발화를 통해 '제안'의 언표내적행위를, 경자는 '거절'의 언표내적행위를 수행하고 있다. 이와 같은 행위는 화자의 의도적 의미를 전하게 되는데, 언표내적 행위에 의해 표현되는 의도적 의미를 언표내적 효력(illocutionary force)이라고도 한다. 언표내적 효력은 화행이론에서 핵심적인 연구 대상에 해당되는데, 하나의 언어형식이 가질 수 있는 언표내적 효력이 어떻게 발생할 수 있는가를 밝히는 것이야말로 언어가 의사소통의 과정에서 갖는 다양한 의미기능을 체계화하는 것이 되리라고 보기 때문이다.

화행이론에서는 하나의 언표내적 행위가 적절하게 수행되기 위해서는 일정한 조건이 충족되어 있어야 한다고 하고, 그것을 적절조건(felicity condition)이라고 했다. 그리하여 각각의 언표내적 행위에 따라 그것에 필요한 적절조건을 체계화하는 데 힘써 왔다. 요청, 약속에 대한 적절조건을 예로 제시해 보면 다음과 같다.

(3) 요청의 적절조건

(가) 명제내용적 조건: 청자가 장래에 수행할 행위 내용

(나) 예비적 조건

(a) 청자는 언급된 행위를 할 수 있고, 화자도 그렇게 믿고 있다.

(b) 보통의 경우 자진하여 청자가 그 행위를 할 것인가는 화자와 청자 둘 다에게 확실하지 않다.

(다) 성실성 조건: 화자는 청자가 그 행위를 해 주기를 원한다.

(라) 본질적 조건: 청자로 하여금 그 행위를 하게 하려는 시도로 간주된다.

(4) 약속의 적절조건

(가) 명제내용적 조건 : 화자가 장래에 수행할 행위 내용

(나) 예비적 조건

(a) 화자는 언급된 행위를 할 수 있다.

(b) 청자는 화자가 그 행위를 수행하길 원한다.

(다) 성실성 조건: 화자는 스스로 그 행위를 수행하길 원한다.

(라) 본질적 조건: 화자가 그 행위를 하도록 하는 의무로 간주된다.

약속의 적절조건에 대해 예를 들어 자세히 따져 보자.

(5) 가. (장호): 다음 주에 와인 한 잔 살게.

나. (외순): 그래 기다릴게.

(5)에서 장호가 외순이에게 약속을 하고 있다. 명제내용적 조건은 장호가 하는 말에 '다음 주에 와인 한 잔 사-'와 같은 내용이 들어있어야 한다는 것이다. 이것은 화자가 장래에 수행할 행위 내용과 같다. 약속의 구체적인 내용이 언급되어야 약속이 적절하게 이뤄짐은 당연하다.

예비적 조건은 두 가지다. 화자가 그러한 내용의 행위를 수행할 수 있어야 하며, 청자인 외순이가 그것을 원하고 있어야 한다. 장호가 이번 주에 군 입대를 한다든지, 장

호에게 그런 경제적 능력이 없다든지 하면 약속이 적절하게 이뤄질 수 없다. 또 청자인 외순이가 그것을 원하고 있어야 한다. 외순이가 와인 알레르기가 있어 와인을 아주 싫어하는 상황이라면, 철수의 말은 오히려 위협이 될 수 있다.

약속이 적절하게 이뤄지기 위해서는 화자 스스로 그렇게 하는 것을 원하고 있어야 한다. 화자가 상대방에게 와인 한 잔 사 주고 싶은 생각이 없는 상태에서 그런 말을 하면 그것은 속임 수에 불과할 수 있다. 이런 조건을 성실성 조건이라고 한다. 정치인들이 선거 운동 중에 공약(公約)이라며 수 없이 남발하는 약속이 대개 이 조건을 위배한다. 스스로 그렇게 하고 싶지 않은 상태에서 표를 얻기 위해 말로만 하는 텅 빈 약속[空約]인 것처럼 보인다.

진정한 약속이라면 화자의 그러한 행위 수행이 의무와 같다고 인식되어야 한다. 화자가 그러한 말을 하면 화자에겐 새로운 의무가 생기며 대화 참여자 모두 그렇게 인식해야 한다. 이러한 조건을 본질적 조건이라고 한다. 해도 그만 하지 않아도 그만이라고 생각하면서 주고받으면 약속이 적절하게 수행될 수 없다. 많은 정치인들이 선거 기간 중에 공약을 쏟아 놓지만, 사람들은 그것을 적당히 알아듣는다. 선거 후에 약속을 지키지 않더라도 원래 그런 것이려니 하면서 넘어가는 경우가 많다. 약속을 한 정치인 스스로도 큰 부담을 갖지 않고 그냥 뭉개고 넘어간다. 아무도 '의무'라고 강하게 인식하지 않는 것 같다.

하나의 언표내적 행위는 그것의 수행에 이용된 문장의 통사구조적 특징과 단어에 따라, 두 가지 유형의 발화로 나눌 수 있다.

(6) 가. 나는 당신에게 지금 당장 여기서 떠날 것을 요구한다.
나. 본 국회는 폐회를 선언합니다.

위 예와 같은 경우, '요청'과 '선언'의 언표내적 행위가 수행됨은 그 문장의 통사적 구조와 단어에 의해 표면화되어 있다. 행위의 내용이 문장의 서술어로 표현되어 있는 것이다. 이 때 이용되는 동사를 수행동사(performative verb)라고 하는데, 언표내적 효력이 수행동사의 형식을 통하여 표면에 노출되어 있는 발화를 명시적 수행발화(explicit performative)라 한다.

다음의 예에서는 그와 같은 수행동사가 없다. 그러나 각각 '요청'과 '선언'의 언표내적 행위가 수행됨은 분명한데, 이와 같은 경우의 발화를 비명시적 수행발화(implicit performative)라 한다.

(7) **가. 지금 당장 여기서 떠나 줘!**

나. 본 국회는 폐회하겠습니다.

발화된 문장의 문자적 의미와 그것에 의해 수행된 언표내적 효력이 일치하는 경우도 있고, 그렇지 않은 경우도 있다.

(8) **가. 지금 몇 시입니까?**

나. 오늘이 며칠입니까?

(9) **가. 너 몽둥이 맛 좀 볼래?**

나. (얼씨구 잘들 논다.) 그래 계속 놀아라. 놀아.

(8)의 발화가 질문의 의도로 사용된 것이라면 직접적 발화행위(직접화행 direct speech act)에 해당된다. 만일 (9)에서 의문문 구조의 발화가 질문에 쓰이지 않고, 위협의 의도로 사용되고, 명령문 구조의 발화가 반대되는 의미로 사용된 것이라면, 간접적 발화행위(간접화행 indirect speech act)의 예가 된다. 간접화행의 경우로 제시된 이러한 발화의 의미는 우리가 가진 여러 가지 지식과 같은 맥락을 통해 그것의 의도적 의미가 쉽게 드러난다. 몽둥이가 음식이 아니고, 공부를 않고 계속 놀기를 바라는 경우가 잘 없다는 사실은 모든 화자나 청자에게 어느 정도 동일하게 인식되어 있는 내용이기 때문이다.

그러나 사람에 따라 서로 다른 맥락에 바탕을 두고 말을 하는 경우도 많다. 이런 경우에는 하나의 발화가 어떤 일정한 한 가지 내용으로 한정되지 않고 다양하게 이해되기도 한다.

(10) **우리 가게에는 사나운 개가 많습니다.**

이 발화는 강도나 도둑에게는 경고의 행위가, 사나운 개를 사고자 하는 사람들에게는 광고의 행위가 될 수 있을 것인데, 이들 두 가지 유형의 의미 중 특정한 한 가지 의미로 쏠리는 어떤 편향성을 발견할 수 없다. 이런 상황에서는 발화된 문장의 통사적 구조와 그 언표내적 효력 사이에 어떤 체계적인 대응관계를 상정하기가 힘들다.

사람들은 대개의 경우 특별한 오해 없이 서로의 의사를 주고받는다. 이와 같은 과정에서 사람들은 상대방의 말을 구성하고 있는 문장의 실체가 가지는 의미(문자적 의미)뿐만 아니라, 상대방의 의도적 의미까지도 이해하고 또 반응을 보이는 것이다. 이러한 과정을 밝히는 것은 의사소통에서 갖는 언어의 기능에 대한 고찰에 꼭 필요하다 할 것이다.

9.2.2. 추론에서의 쓰임

간접화행을 통한 의사소통의 과정에서, 청자가 상대방의 발화가 가지는 언표내적 효력을 이해하는 과정은 추론(inference)의 연속이다. 다음 예를 보자.

(11) 가. (병용): 오늘 저녁에 내 일 좀 거들어 줘.
나. (진숙): 넌 내가 그렇게 한가한 줄 아니?

진숙이는 (나)로 '거절'의 언표내적 행위를 수행하고 있는 것처럼 보이는데, 그것의 문자적 의미는 '질문'이다. 이 때 거절은 핵심적(primary) 언표내적 행위가, 질문은 부차적(secondary) 언표내적 행위가 된다. 핵심적 언표내적 효력은 부차적 언표내적 효력으로부터 유도되는데, 이와 같은 과정에 추론이 개입되는 것이다. 추론에 의하여 알게 되는 의미를 함축적 의미(implicated meaning)라고 한다.

사람들이 의사소통의 과정에서 자신이 전해야 하는 내용을 일일이 모두 말로 표현하면서 살아가야 한다면 이는 무척 비효율적이고 피곤한 일이다.

(12) 가. 엄마 나 배고파요. 배가 고프면 밥을 먹어야 하잖아요. 나 밥 좀 주세요.
나. 엄마 나 배고파요. 밥 좀 주세요.

다. 엄마 배고파요.

(13) 배고파요(진술) → 밥 주세요(요청).

학교에서 집으로 돌아와서 (12)의 (가)처럼 길게 말하는 경우는 잘 없다. (나)처럼 말하기도 하지만, (다)처럼 간단히 말해도 된다. 엄마가 다 알아서 해 주기 때문이다. 엄마는 '배고프다'는 진술을 '밥 달라'는 요청으로 알아듣는다. 사람들은 말을 주고받으면서 이 세상을 구성하는 상식으로 추론을 하고 함축적 의미를 알아차린다. 그리고 그렇게 한다는 가정 하에 말을 하고 또 알아듣는다.

사람들이 추론을 통해 함축적 의미를 알아차리는 과정에는 몇 가지 원리가 작용한다. 이것은 대화에서의 일반적인 법칙으로, 대화격률(maxims of conversation)과 협력원칙(cooperative principle)이라고 하는 것이다. 이를 간단히 요약하면 다음과 같다.

(14) 대화에서의 협력원칙과 대화격률

(A) 협력원칙

대화 가담자는 대화에 참여할 때 그 대화가 이루어지는 단계에서 그 대화의 방향과 목적에 필요한 만큼 기여한다.

(B) 대화격률

① 정보의 양(quantity)에 대한 격률

(a) 필요한 양 만큼의 정보를 제공하라.

(b) 필요한 양 이상의 정보를 제공하지 말라.

② 정보의 질(quality)에 대한 격률

(a) 거짓이라고 믿는 것은 제공하지 말라.

(b) 적절한 증거를 댈 수 없는 것은 제공하지 말라.

③ 관계(relation)에 대한 격률

관련성 있는 정보를 전달하라.

④ 양태(manner)에 대한 격률

(a) 모호한 표현을 피하라.
(b) 중의적인 표현을 피하라.
(c) 간략하게 표현하라.
(d) 순서에 맞도록 하라.

이러한 격률을 이용하여 대화적 함축의 생성과 수용의 과정을 풀이할 수 있다.

(15) (아빠): 속수무책이라고 할 때, '속수'의 뜻이 뭔지 아니?
(아들): 어제 야구 경기에서 삼성이 이겼어요.

위에서 아빠의 말에 아들은 엉뚱한 대답을 하여 관계의 격률을 위배하고 있다. 그것은 '나는 그러한 것에 관심이 없다.' 또는 '나는 그것을 모른다.'는 내용을 함축하고 있다.

다음의 자료에서 선생님의 답변은 엄마가 요구하는 내용에 대해 충분하지 않다. 정보의 양에 대한 격률을 위배하고 있다. 결과적으로 '친구들과 두루 잘 지내지는 않는다.'는 내용이 추론된다.

(16) (엄마) : 우리 아이가 친구들과 잘 지냅니까?
(선생님) : 짝꿍하고는 참 잘 지내더군요.

지금까지 살펴본 내용으로 우리가 알 수 있는 중요한 사실은 진리조건적 의미를 분석하는 것만으로는 언어의 본질적 특성을 완전히 밝힐 수 없다는 점이다. 가령 언어 사용의 과정에서 진리조건적 의미에만 의존한다면, 의사소통에 많은 장애가 발생할 것이다. 결과적으로 자연언어의 사용에 대하여 완전히 고정된 의미나 규칙에만 의존하는 설명은 결코 완전할 수 없으며, 더욱이 우리의 의사소통은 진리조건 의미에 의하여 전달되는 의미를 훨씬 능가하여 이루어짐을 알 수 있다.

대화격률을 준수하면서 하는 말이 함축을 유도하는 경우도 있다. 화자가 다음 예와 같이 등급을 표현하는 단어를 사용함으로써 발생하는 함축이 그 예의 하나다.

(17) **방이 뜨뜻하구나.**

이 말의 화자는 방이 뜨뜻하다고 생각하여 그렇게 말한 것이므로 대화격률을 준수하고 있다. '뜨뜻하다'와 같은 말은 정도상의 등급을 나타내는데, 그러한 등급을 나타내는 말의 예로는 다음과 같은 것이 있다.

(18) **가. 전부/모두 - 대부분/거의 - 약간/조금**
나. 항상/언제나/늘 - 자주 - 가끔/종종
다. 뜨겁다 - 뜨끈하다 - 뜨뜻하다 - 미지근하다
라. 차갑다 - 쌀쌀하다 - 서늘하다 - 시원하다
마. 확실하다 - 가능하다

등급 체계에서 어떤 단어가 선택되면, 그 단어보다 상위 등급의 내용은 모두 부정되는 함축이 발생한다. '이 방이 뜨뜻하다'라고 말한다면, 그것은 '이 방이 뜨끈하거나 뜨겁지 않음'을 함축한다는 것이다.

대화격률과 무관한 함축도 있다. 보통 관용적 함축이라고 하는 것인데, 문장에 포함되어 있는 단어의 관용적인 의미에 의해 전달되는 함축을 가리킨다.

(19) **가. 그는 한국인이다. 그러나 그는 약삭빠르지 않다.**
나. 그는 한국인이다. 그러므로 그는 약삭빠르지 않다.
(20) **가. 그가 약삭빠르지 않은 것은 의외의 일이다.**
나. 그가 약삭빠르지 않은 것은 당연한 일이다.

위 자료에서 (19)(가)는 (20)(가)를, (19)(나)는 (20)(나)를 함축한다. 이러한 함축은 대화에서의 협력원칙이나 대화격률과는 무관하다. '그러나, 그러므로' 등과 같은 단어의 관용적인 의미에 바탕을 두고 함축이 발생한다.

제10장

국어의 뿌리와 고대국어

10.1. 국어사의 시대구분

10.2. 차자표기와 고대국어

생각 깨우기

◈ 다음 향가를 잘 읽어 보고 물음에 답해 보자.

서동요(薯童謠)

善花公主主隱　　　　선화공주님은
池密只嫁良置古　　　남몰래 사귀어 두고
署童房乙　　　　　　서동 방을
夜矣卯乙抱遣去如　　밤에 뮐 안고 가다

1. 서동요의 배경 설화를 조사하여 발표해 보자.
2. 표기에 사용된 한자는 모두 25자인데, 이들 한자 각각의 음과 훈을 조사해 보자.
3. 표기된 각각의 한자는 음을 빌린 것인지, 뜻을 빌린 것인지 현대어 번역을 참고하여 말해 보자.

〈민족문화대백과사전〉의 서동요 내용 관련 참고자료

'선화공주님은(善花公主主隱)'은 눈부신 존재로 절대적 주인공의 위치에서 군림하고 있다. 그러한 공주가 '남몰래 얼러(他密只 嫁良)' 바로 몰래 간통하는 사건을 일으킨다. 여기서 그녀는 절대적인 요정으로부터 사랑의 화신으로 변모되면서 자신의 부끄러운 모습을 조용히 감출 수밖에 없다.

그래서 공주는 그 상대를 감추어 '두고(置古)' 내어 놓지 않는다. 그것은 가장 소중한 것을 오롯하게 확보하고 있는 안정감을 드러낸다. 그런 가운데에 '서동방(薯童房: 서동의 방)'이 갑자기 등장하여, 그 공주의 상대가 겨우 서동이요

그들의 야합처가 바로 그의 방인 것을 확인시킨다.

공주는 금지옥엽의 몸으로 미천한 서동과 결합하여 파격적인 충격을 주면서, 그가 숨어 있는 밀실로 찾아간다. 그녀는 자신의 모습과 만남의 현장을 감추기 위하여 '밤에(夜矣)' 비로소 행동을 개시한다.

이 밤에 공주는 '무엇을(卯乙)'가지고 갔는가. 이것은 이 노래의 큰 관심거리로서 그 '무엇'의 실상을 끝까지 감추고 드러내지 않는다. 이 노래의 함축미와 신비성이 그 '무엇'에 매여 있다.

이 공주는 그 '무엇'을 '안고(抱遣)' 가는 것이다. 이 '안고'는 그 대상을 가장 소중히 여기고 직접 교감하면서 가슴 속 깊이 감추고 있음을 명시한다. 드디어 공주의 '가다(去如)'로 이 노래는 끝난다.

10.1. 국어사의 시대구분

10.1.1. 국어의 계통

언어의 계통을 밝힌다는 것은 곧 한 언어가 어디에서 왔는지 그 뿌리를 찾는 일이다. 흔히들 어족(language family)이란 계통상 하나로 묶이는 언어의 종족을 말하는데, 동일한 조상에서 기원하여 같은 어족에 속하는 언어들 사이의 관계를 친족 관계라 한다.

국어는 계통적으로 알타이어족에 속하는 것으로 보는 것이 일반적이다. 알타이어족에는 터키어파, 몽골어파, 만주·퉁구스어파가 있는데, 국어는 이 세 어파보다 훨씬 먼저 떨어져 분화된 것으로 이해된다.

10.1.2. 국어의 형성과 시대구분

국어의 형성에는 크게 두 가지 견해가 있다. 알타이조어에서 분화하여 계속 한 줄기로 내려왔다는 견해와 알타이조어에서 분화된 후 북방계와 남방계 두 줄기로 갈라졌다가 다시 통일되었다는 견해가 있다. 여기에서는 두 견해 중에서 후자의 견해에 따라 국어의 형성을 도표로 나타내면 다음과 같다.

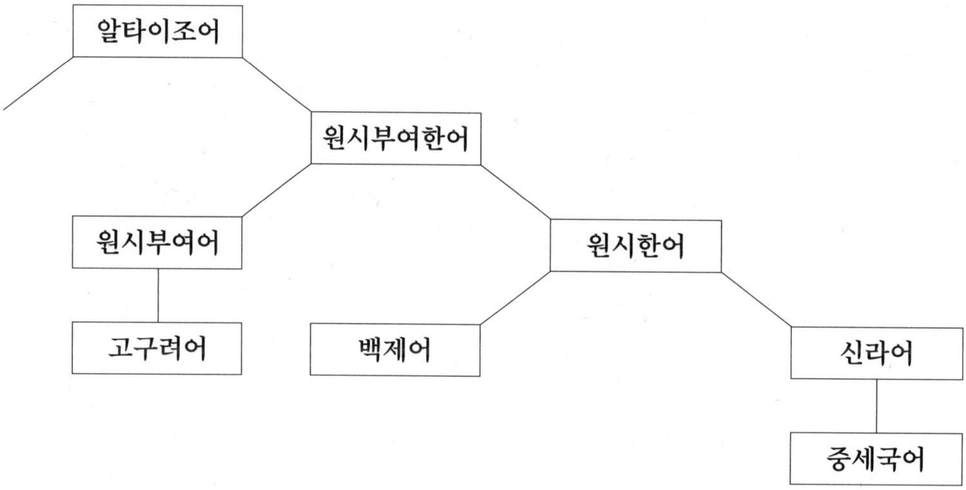

국어사의 시대구분은 크게 고대국어, 중세국어, 근대국어, 현대국어의 네 시기로 구분하는 것이 일반적이다.

- ㅇ 고대국어: 삼국시대에서 통일신라에 이르기까지 약 1,000년 동안의 국어
- ㅇ 중세국어: 고려의 건국에서 16세기까지의 국어
- ㅇ 근대국어: 17세기에서 19세기 후반까지의 국어
- ㅇ 현대국어: 갑오경장 이후, 혹은 해방 전후부터 현재까지의 국어

10.2. 차자표기와 고대국어

10.2.1. 차자표기

훈민정음이 창제되기 전에는 우리말을 기록할 문자가 없었다. 이런 사정 때문에 이른 시기부터 받아들인 한자를 이용하여 우리말을 기록하였다. 이를 차자표기(借字表記)

라 하는데, 여기에는 크게 향찰, 이두, 구결이 있다.

음독자(音讀字)와 석독자(釋讀字)를 구별할 필요가 있는데, 음독자는 음으로 읽는 글자이며 석독자는 석(釋), 곧 새김으로 읽는 글자이다. 예를 들어 [赫居世]와 [弗矩內]에서 赫과 弗는 각각 석독자와 음독자로서, 중세국어의 '븕-'과 밀접하게 관련되어 있다.

향찰은 향가를 표기하는 데 이용된 차자표기를 가리키는 것으로, 어휘적인 의미는 석독으로, 문법적인 의미는 음독으로 파악하는 것이 일반적이다. 예를 들어 〈제망매가〉의 '一等隱枝良出古' 와 '한 가지에 나고'를 비교하면 [一等隱枝]와 [出]은 각각 '한 가지' '나-'라는 어휘적인 의미를, [良], [古]는 각각 '-에, -고'라는 문법적인 의미를 나타내려 한 것이다.

이두는 우리말을 우리말의 어순으로 표기하는 차자표기로서, 신라시대에 나타나 19세기 말까지 지속적으로 사용되었다. 本國乙 背叛爲遣(= 본국을 배반하고)에서 이두의 전형을 찾아볼 수 있다.

구결(口訣)이란 말은 '입겻'의 한자 차용 표기로서, 흔히들 '토(吐)'라고 하는 것과 같은 것으로 한문을 읽을 때 삽입하는 요소이다. 예를 들어 '天地之間萬物之中 唯人 最貴'와 '天地之間萬物之中厓 唯人伊 最貴爲尼'를 비교하면 후자의 이두문은 [천지지간 만물지중에 오직 사람이 가장 귀하니]에 대응된다.

10.2.2. 고구려어

고구려어는 북방계 언어로 고유명사의 표기에서 단편적인 이해가 가능하다. 예를 들어 고구려어 지명 중 지금의 경기도 수원에 해당하는 곳으로 [買忽一云水城]이라는 표기가 있는데, 이를 통해 '물[水]'을 뜻하는 고구려어의 단어는 '買'(매), '성(城)'을 뜻하는 고구려어의 단어는 '忽'(홀)임을 알 수 있다.

고구려어의 수사는 비상한 관심을 끌어 왔다. 3은 밀(密), 5는 우ㅊ(于次), 7은 난은(難隱), 10은 덕(德) 등으로 중세국어와 매우 다르며, 고대일본어와의 관련성이 주목되기 때문이다.

고구려어의 어휘 중에는 중세국어와 일치하는 어휘의 예도 많이 보여준다. '今勿: 검-(黑) 波兮, 波衣, 巴衣 : 바회(巖)' 등이 그 예이다.

10.2.3. 백제어

백제어에 대한 기록이 남아 있지 않지만, 백제어는 지배층과 피지배층의 언어가 매우 달랐을 것으로 추정된다. 백제어 지명에서는 '夫里'가 특히 나타나는데, 이는 신라어의 '블'(火)과 관련되는 것으로 추정된다. 백제어의 흔적이 남아 있는 熊津이 중세국어에 '고마ᄂᆞᄅᆞ'(=곰나루)로도 나타나는데, '고마'는 '곰(熊)'에 대응되는 고형이다.

10.2.4. 신라어

고구려어나 백제어와 달리 신라어는, 이두와 향찰 표기를 통하여 여러 가지 어휘와 문법 현상을 추적할 수 있다. 그럼에도 불구하고 차자표기의 불완전성으로 인해 그 전반적인 모습을 알기에는 미흡하다. 주격조사 '이', 목적격조사 'ㄹ', 관형격조사 'ᄋᆡ/의' 및 'ㅅ'은 중세국어와 흡사하게 신라어에서 나타난다. 관형형어미로 '-ㄹ'과 '-ㄴ'이 함께 나타남을 '慕理尸心(그릴 ᄆᆞᅀᆞᆷ), 去隱春(간 봄)' 등에서 확인할 수 있다.

하지만 아직까지도 향가의 완전한 해독은 이루어지지 않았다고 할 수 있다.

다음은 신라 경덕왕 때 월명사(月明師)가 지은 향가인 '제망매가(祭亡妹歌)'의 원문과 현대어 풀이이다.

〈원문〉

生死路隱 此矣 有阿米 次肸伊遣

吾隱去內如辭叱都 毛如云遣去內尼叱古

於內秋察早隱風未 此矣彼矣浮良落尸葉如

一等隱枝良出古 去如隱處毛冬乎丁

阿也 彌陀刹良逢乎吾 道修良待是古如

〈현대어 풀이〉

죽고 사는 길 예 있으매 저히고
나는 간다 말도 못다 하고 가는가
어느 가을 이른 바람에 이에 저에 떨어질 잎다이
한 가지에 나고 가는 곳 모르누나
아으 미타찰(彌陀刹)에서 만날 내 도닦아 기다리리다.(양주동 풀이)

제11장

(후기)중세국어와 근대국어

생각 깨우기

◈ 다음 소설의 한 장면을 읽고 물음에 답해 보자.

대덕연구단지에 사는 한 잡지사 기자가 미래로부터 온 타임머신을 발견하고 그 타임머신을 만지작거리다 잘못해 과거 조선시대 임진왜란 직전으로 불시착한다. 정쟁이 치열한 그곳에서 주인공은 미개한(?) 조선시대와 과학기술의 접목을 시도하게 된다.

(중략)

"참아로 옳아신 말쌈이시니이다." 류갑슐이 대꾸하자, 다른 사람들이 모두 동의한다는 뜻을 나타냈다.

"그러나," 그는 힘을 주어 강조했다. "이러한 일애셔 종요로운 것은 찬찬이 살피면셔 일알 하난 것이니이다. 일알 너모 빨리 하려 하난 것은 오히려 일을 어렵게 만들 수도 있나이다." 사람들이 그의 말을 새겨들을 시간을 준 다음, 그는 말을 이었다. "그리하여셔, 이번 일안 쇼숭게 맛뎌주쇼셔." 스스로를 '쇼숭'이라 부름으로써, 그는 자신의 얘기가 가벼운 말이 아님을 비쳤다.

사람들이 모두 고개를 끄덕였다.

"쇼숭은 아직 이 일을 한산댁 얼우신끠 말쌈드리디 아니하얏나이다. 한산댁 얼우신끠 말쌈드린 뒤헤, 광시댁 얼우신과 함끠 의론하야 이 일을 처리하고져 하나이다."

사람들이 다시 고개를 끄덕였다.

"얼우신, 잠깐 이리로 오쇼셔." 그는 봉션이 할아버지에게 둑의 한쪽을 가리켰다.

"녜." 사람들이 급히 옆으로 물러났다.

"쇼숭은 시방 온양아로 떠나야 하나이다." 봉션이 할아버지가 다가오자, 그는 다른 사람들도 알아들을 만큼 큰 소리로 말했다. "급한 병자이 이셔셔, 가보아야 하나이다."

"아, 그러하시나잇가? 그러하오면, 어셔 가보쇼셔."

"녜. 곳뜸 사람달히 한 일이 아조 낟바디만, 싸홈이 일어나디 아니하게 얼우신끠셔 사람달할 달래쇼셔. 뎌 사람달한 시방 우리 사람달히 싸홈알 걸어오기랄 기다리고 있나이다." 그는 아래쪽에서 그들을 올려다보는 곳뜸 사람들을 가리켰다.

"녜. 알겠나이다."

(중략)

1. 소설을 읽고서 이해하기 힘든 부분과 이해하기 쉬운 부분이 각각 어디인지 말해 보자.

2. 소설 속에서 실제 인물들이 발화한 다음 문장이 무슨 뜻인지 추측해 보자.

① 이러한 일애셔 종요로운 것은 찬찬이 살피면셔 일알 하난 것이니이다.
② 그리하여셔, 이번 일안 쇼승게 맛뎌주쇼셔.
③ 한산댁 얼우신끠 말쌈드린 뒤헤, 광시댁 얼우신과 함끠 의론하야 이 일을 처리하고져 하나이다.
④ 얼우신, 잠깐 이리로 오쇼셔.
⑤ 아, 그러하시나잇가? 그러하오면, 어셔 가보쇼셔.

3. 소설 속의 대화에서 사용된 국어와 실제 16세기 문헌에 나타난 국어 사이에는 어떤 차이가 있는지 말해 보자.

4. 소설 속의 대화를 참고하여 현대국어로 오면서 어떤 변화가 일어났는지 말해 보자.

11.1. (후기)중세국어

중세국어라고 하면 전기와 후기로 나누어 각각 전기중세국어, 후기중세국어라 부르는 것이 일반적이다. 전기중세국어는 고려 건국에서 14세기에 이르기까지의 국어를 일컫는 것으로, 계림유사와 향약구급방 등의 자료로 그 단편을 알아볼 수 있다. 여기에서는 전기중세국어는 생략하고 후기중세국어에 집중하여 국어의 모습을 살펴보고자 한다.

11.1.1. 음운

소실음운 소실 음운으로는 'ㅸ, ㅿ, ㆍ' 등이 있다. 먼저 ㅸ은 순경음(脣輕音, 입술 가벼운 소리)으로서 이 음운은 양순마찰음 [β]인 것으로 추정된다. 훈민정음 창제 당시에 이미 소멸해 가는 과정에 있어서, 세조대의 문헌에 이르러 자취를 찾기 어렵게 된다. 이 음운은 후에 반모음 w로 변화하였다. '글발>글왈>글월, 스ᄀᆞᄫᆞᆯ>스ᄀᆞ올>시골, 더ᄫᅥ>더워' 등의 예에서 알 수 있다.

'ㅿ'은 반치음(半齒音, 절반 정도의 치음)으로서, 이 음운은 치조마찰음 [z]인 것으로 추정된다. 15세기 후반에 시작하여 16세기 전반에 이르러서는 거의 소실되었으며, 이후 영(零, zero)으로 변화하였다. 'ᄉᆞᅀᅵ>ᄉᆞ이>사이(間), 어버ᅀᅵ>어버이, ᄀᆞᅀᆞᆯ>ᄀᆞᄋᆞᆯ>가을' 등이 그 예이다.

다음은 모음 'ㆍ'로서, 이 모음은 대체로 '아'와 '오'의 사이에서 나는 소리로 [ʌ]인 것으로 추정된다. 15세기 후반에서 시작하여 16세기에 이르러서 비어두음절에서 'ㆍ>ㅡ'로의 변화를 보이는데, 이를 'ㆍ'의 제1단계 소실이라 한다. 'ᄀᆞᄅᆞ치->ᄀᆞ르치-, 다ᄅᆞ->다르-, ᄒᆞᄆᆞᆯ며>ᄒᆞ믈며' 등에서 'ㆍ>ㅡ'의 변화를 보인다.

된소리 된소리는 대체로 'ㅅ'계 합용병서인 'ㅺ, ㅼ, ㅽ'으로 표기되었으며, 특수한 경우에 'ㄲ, ㄸ, ㅃ'과 같은 각자병서로 적힌 예들도 존재하였다. 'ㆅ'은 ㅎ의 된소리를 나타낸 것으로 추정되는데, 'ᅘᅧ-, 니르ᅘᅧ-, 두르ᅘᅧ-' 등과 같이 주로 'ᅘᅧ-'(引)와 관련되는 단어에만 용례를 찾아볼 수 있다. 후세에 이 음운은 '썰물'이나 '(불을) 켜다'와 같이 'ㅆ, ㅋ'으로 변화하게 된다. 'ᅇ'은 특이한 예로 'ᄆᆡᅇᅧᄂᆞ니라, 괴ᅇᅧ'와 같이 각자병서인

'ᅇ'이 나타나기도 한다.

유기음 유기음은 대체로 'ㅊ, ㅋ, ㅌ, ㅍ'과 같은 문자로 표기되었으며, 중세국어에 존재하였던 것으로 보인다. 그러나 유기음으로 시작하는 단어의 수는 현대국어보다 훨씬 더 적었던 것으로 추정된다. 현대국어에서 유기음을 가진 '코, 칼, 팔' 등은 중세국어에서 '고ㅎ, 갈ㅎ, ᄇᆞᆯㅎ'과 같이 평음으로 나타나는 경우가 많다.

모음체계 중세국어의 모음체계는 다음의 7모음체계였을 것으로 추정된다.

이	으	우
	어	오
	아	ᄋᆞ

현대국어에서 단모음으로 존재하기도 하는 '애, 에, 외, 위'는 중세국어 시기에 있어서 이중모음 [ay, əy, oy, uy]로 나타나는 것으로 추정된다.

성조체계 말의 높낮이로 의미가 구별되면, 이 높낮이를 성조라고 부른다. 중세국어에서 성조는 해당 글자의 왼쪽에 찍게 되는 방점(傍點)으로 표시하게 된다. 곧 점이 없으면 평성(平聲), 점이 하나면 거성(去聲), 점이 둘이면 상성(上聲)이다. 평성은 낮은 소리를, 거성은 높은 소리를, 상성은 처음이 낮고 끝이 높은 소리를 나타낸 것으로 파악된다. 예를 들어 '부텨+ㅣ→부:톄'의 경우 부처를 뜻하는 단어인 '부텨'는 점이 없어 모두 평성, 평성인데, 여기에 주격조사인 거성 'ㅣ'가 결합하면 '부:톄'와 같이 '텨'의 평성과 'ㅣ'의 거성이 합쳐져 '상성'으로 실현된다.

모음조화 모음조화란 양성모음은 양성모음끼리, 음성모음은 음성모음끼리 결합하는 현상으로, 중세국어에서는 현대국어보다 훨씬 더 강하게 모음조화가 이루어졌다. 단어 내부, 활용과 곡용, 파생, 의성의태어 등에 이르기까지 광범위하게 모음조화 현상이 적용되었다.

(1) **양성모음: ᆞ, 오, 아**
음성모음: 으, 우, 어

사ᄅᆞᆷ-(ᄋᆞᆫ/은) → 사ᄅᆞᄆᆞᆫ, 구룸-(ᄋᆞᆫ/은) → 구루믄
잡-(ᄋᆞ니/으니) → 자ᄫᆞ니, 죽-(ᄋᆞ니/으니) → 주그니

어두자음군 현대국어는 어두에 하나의 자음만이 올 수 있으나, 중세국어 시기에는 어두에 두 개의 자음이 올 수 있었던 것으로 파악된다. 어두자음군은 'ㅂ'계 합용병서, 'ㅄ'계 합용병서 등으로 표기되었다. ᄠᅳᆮ(>뜻), ᄡᆞᆯ(>쌀), ᄧᅡᆨ(>짝) 등은 어두에 'ㅂ'과 'ㄷ', 'ㅂ'과 'ㅅ', 'ㅂ'과 'ㅈ'이 연속하여 올 수 있었던 것으로 해석된다. ᄢᅮᆯ(>꿀), ᄣᅢ(>때) 등과 같이 세 자음자가 연속되는 경우도 있는데, 이는 'ㅂ'과 'ㅺ'(곧 'ㄱ'의 된소리), 'ㅂ'과 'ㅼ'(곧 'ㄷ'의 된소리)이 연속하여 오는 것, 즉 두 자음의 연속으로 해석된다.

11.1.2. 문법

합성어 동사와 형용사의 어간끼리 결합하는 소위 비통사적 합성어가 현대국어에 비해 훨씬 많이 존재하였다. 예를 들면 '듣보-, 죽살- 빌먹-, 됴쿶-(둏-+궂-), 것곶-, 딕먹-' 등이 존재하였다. 현대국어에도 '붙잡-, 검붉-' 등의 비통사적 합성어가 존재한다. '암ᄐᆞᆰ, 수ᄐᆞᆰ' 등은 중세국어에서 합성어로 해석된다. '암ㅎ, 수ㅎ'은 중세국어에서 독립된 명사로 기능한다.

파생어 특징적인 접미사 중 형용사를 만드는 접미사 '-ᄫ/ᄫᆞ/ᄫᅳ/ᄇᆞ/브-'가 있다. 예를 들면 '그리-:그리ᇦ-, 두리-:두리ᇦ-, 놀라-:놀라ᇦ-, 믜-:믜ᇦ-' 등과 '곯-:골ᄑᆞ-, 앓-:알ᄑᆞ-, 슳-:슬프-, 깄-:깃브-' 등이 있다. 형용사를 만드는 또 다른 접미사로는 '-ᄋᆞᇦ/어ᇦ-'이 있다. '붓그리-:붓그러ᇦ-, 즐기-:즐거ᇦ-, 앗기-:앗가ᇦ-' 등에서 확인된다. 부사를 만드는 접미사에는 '-이-'가 있는데, '길-:기리, 깊-:기피, 높-:노피, 하-:해(多)' 등이 대표적인 사례이다.

격조사 주격조사로는 '이'만 존재하였고 '가'는 거의 안 나타난다. 이 '이'는 환경에 따라 달리 나타난다. '사룸+이 → 사르미, 부텨+ㅣ → 부톄, 쇼+ㅣ → 쇠, 드리+ㅣ → 다리(성조만 바뀜), 비+ㅣ → 비(성조만 바뀜)' 등이 있다. 목적격조사로는 '롤/를/올/을/ㄹ'이 존재한다. 모음조화에 따른 이형태가 존재하였다. '나+롤 → 나롤, 너+를 → 너를, 밥+올 → 바볼, 별+을 → 벼를, 나+ㄹ → 날, 너+ㄹ → 널' 등이 있다.

관형격조사로는 '의/의'와 'ㅅ'이 존재한다. '의/의'는 유정명사에만 연결된다. '도죽+의 → 도즈기, 거붑+의 → 거부븨' 등이 그 예이다. 'ㅅ'은 무정명사 및 존칭의 유정명사에 연결된다. '나라+ㅅ → 나랏, 부텨+ㅅ → 부텻' 등에서 확인할 수 있다. 처소격조사로는 '애/에/예'가 존재한다. '애/에'는 모음조화에 따른 이형태이며, '예'는 '이'나 반모음 'y' 다음에 사용된다. '애/에'는 '몸+애 → 모매, 쑴+에 → 쑤메'와 같이 나타나며, '예'는 '서리+예 → 서리예, 샹녜+예 → 샹녜예'와 같이 나타난다. 몇몇 명사 다음에서 '의/의'가 처소격조사로 사용되기도 한다. 사례로는 '낮+의 → 나지, 밑+의 → 미틔' 등이 있다.

공동격조사로는 '와/과'가 있다. 현대국어의 쓰임과 비슷하지만, 'ㄹ'로 끝난 명사 뒤에서는 '과'가 쓰이지 않고 '와'가 쓰인다. '믈+와 → 믈와, 수플+와 → 수플와' 등의 사례가 존재한다. 호격조사로는 '아/하'가 있다. 존칭에게는 '하'를 사용하고, 그렇지 않은 경우에는 '아'를 사용한다. 모음 뒤에서도 '야'가 아닌 '아'를 사용한 것이 현대국어와 차이를 보인다. 사례로는 '님금+하 → 님금하, 比丘+아 → 比丘아'가 있다. 여격조사는 '의게, 의거긔, 의그에, ㅅ게, ㅅ궁에, ㅅ긔' 등의 다양한 모습을 보인다. 이는 관형격조사인 '의/의, ㅅ'에 '게, 그에, 거긔' 등이 결합하여 이루어진 것이다. 사례로는 '○○의게, ○○의거긔, ○○의손디, 나믜그에, 王ㅅ그에, 부텻게' 등이 있다.

보조사 주제의 보조사로 '온/은/눈/는/ㄴ'이 있다. 사례로는 '사롬+온 → 사라몬, 구룸+은 → 구루믄, 나+눈 → 나눈, 니+는 → 니는' 등이 있다. 또 다른 보조사로 '브디'와 '조차'가 있는데, 이들은 동사인 '븥-'와 '좇-'의 활용형에 기원을 둔 것이다.

비교의 보조사로 '두고'가 존재하는데, 이는 동사 '두(置)-'의 활용형이 굳어진 것이다. 강조의 보조사로 '사'가 존재하는데, 이는 현대국어 '이야/야'에 대응되는 것이다. '각시사, 來日사, 오라거사' 등의 사례가 존재한다.

강조의 보조사로 '곰'이 존재하는데, 부사나 용언의 활용형에 붙어 강세를 나타낸다(이리곰, ᄒᆡ여곰). 또한 명사에 붙어 현대국어 '씩'의 의미를 나타내기도 한다. 사례로 'ᄒᆞᆫ 나라해 ᄒᆞᆫ 須彌山곰 이쇼ᄃᆡ(=한 나라에 한 수미산씩 있으되), 八千里象ᄋᆞᆫ ᄒᆞᄅᆞ 八千里옴 녀는 象이라(=팔천리 코끼리는 하루 팔천리씩 가는 코끼리다.)' 등이 있다.

의도법 선어말어미 '-오-' 현대국어에서는 사라진 어미로 의도법의 선어말어미를 들 수 있다. 이 어미는 주어가 1인칭일 때 주체의 의도를 드러내는 기능을 한다고 알려져 있다. [내 이ᄅᆞᆯ 어엿비 너겨 새로 스믈여듧 字ᄅᆞᆯ ᄆᆡᆼᄀᆞ노니]와 가상적인 예인 [네 이ᄅᆞᆯ 어엿비 너겨 새로 스믈여듧 字ᄅᆞᆯ ᄆᆡᆼᄀᆞᄂᆞ니] 비교하면 그 기능을 추측할 수 있다. 어간 말음이 'ᄋᆞ, 으'일 경우에는 'ᄒᆞ-오 → 호', '쓰-우 → 뿌' 등과 같이 'ᄋᆞ, 으'가 탈락한다. 이 '-오-'는 선어말어미 '-ᄂᆞ'와 결합하면 '노', 선어말어미 '-더-'와 결합하면 '다', 선어말어미 '-시-'와 결합하면 '샤', 서술격조사인 '이-'와 결합하면 '이로-'와 같이 특이한 모습으로 나타나며 16세기에 소멸된 것으로 보인다.

객체높임 선어말어미 '-ᄉᆞᆸ-' 높이는 대상이 객체인 이 선어말어미는 어간 말음의 종류에 따라 '-ᄉᆞᆸ-, -ᄉᆞᆸ-, -ᄌᆞᆸ-'이 결정된다. 곧 어간 말음이 'ㄱ, ㅂ, ㅅ, ㅎ'이면 '-ᄉᆞᆸ-', 'ㄷ, ㅈ, ㅊ'이면 '-ᄌᆞᆸ-', 그 외의 경우는 '-ᅀᆞᆸ-'이 사용된다. 닙ᄉᆞᄫᅡ(닙-), 노ᅀᆞᆸ고(놓-), 듣ᄌᆞᄫᆞ면(듣-), ᄒᆞᅀᆞᆸ노니(ᄒᆞ-) 등의 사례를 보인다. 이 어미는 객체를 높여 주는 기능을 한다. 객체(客體)는 주체를 제외한 대상을 가리키는데, 문장 성분으로는 주어를 제외하고 목적어나 부사어 등의 성분으로 나타난다.

(2) 가. 大耳兒ᄅᆞᆯ 臥龍이 돕ᄉᆞᄫᆞ니 (객체는 大耳兒)
나. 如來ㅅ 일후믈 듣ᄌᆞᄫᆞ면 (객체는 여래의 이름)
다. 부텻긔 請ᄒᆞᅀᆞᄫᅩᄃᆡ (객체는 부처)

주체높임 선어말어미 '-(ᄋᆞ/으)시-' 이 어미의 기능은 현대국어와 큰 차이를 보이지 않는다. 다만 현대국어에서는 '아시고, 우시고'와 같이 '알-, 울-'의 'ㄹ'이 탈락하지만, 중세국어에서는 '아ᄅᆞ시고, 우르시고'와 같이 'ㄹ' 탈락이 일어나지 않는다.

상대높임 선어말어미 '-이-' 이 어미는 말을 듣는 상대방, 곧 청자를 높이는 기능을 한다. 'ᄒᆞᄂᆞ다<ᄒᆞᄂᆞᅌᅵ다<ᄒᆞᄂᆞ이다'와 같이 상대 존대의 정도가 커지는데, 곧 'ᄒᆞ라'체, 'ᄒᆞ야쎠'체, 'ᄒᆞ쇼셔'체와 같은 등분을 확인할 수 있다.

의문형어미 의문문의 종류가 판정의문문이냐 설명의문문이냐에 따라 '-가/고', '-녀/뇨' 등의 의문형어미가 달리 선택되고 있다.

(3) 판정의문 : 이ᄂᆞᆫ 賞가 罰아, 功德이 하녀 져그녀
설명의문: 그ᄃᆡ 子息 없더니 므슷 罪오, 어듸ᅀᅡ 시름 업슨 ᄃᆡ 잇ᄂᆞ뇨

주어가 2인칭일 경우의 의문형어미 '-ㄴ다, -ㄹ다'가 사용된다.

(4) 네 엇뎨 안다, 네 즐겨 내 어미를 효양ᄒᆞᆯ다

11.1.3. 어휘

고유어 중세국어에서는 한자어의 세력에 밀려 고유어가 점점 사라지는 모습을 보인다. '훈민정음'에 '슈룹'이라는 고유어 단어가 나오는데, 얼마 지나지 않아 '우산(雨傘)'이라는 한자어로 대체되었다. 수사 '온, 즈믄'이라는 고유어 역시 한자어인 '일ᄇᆡᆨ, 일쳔'으로 바뀌었다.

어의변화 즁ᄉᆡᆼ(衆生)은 현대국어 '짐승'으로 바뀌면서, '생명이 있는 모든 것'에서 '일정한 부류의 동물'로 의미가 축소되었다. 'ᄉᆞ랑'은 '思, 愛, 慕' 등의 의미를 가지고 있었으나 '愛'의 의미로 축소되었나. '어엿브나'는 '불쌍하나'라는 의미에서 '예쁘다'는 의미로 변화되었으며, 'ᄉᆡᆨᄉᆡᆨᄒᆞ다'는 '엄하다'라는 의미에서 '용감하다'는 의미로 변화되었다.

11.2. 근대국어

문자 체계와 관련하여, 근대국어에서는 방점이 완전히 없어지고, ㆁ 글자가 자취를 감추었으며, ㅿ 글자 역시 17세기에 들어서 거의 쓰이지 않게 되었다. 어두 합용병서 중 'ㅄ'계열은 17세기에 이르러 소멸되었으며, 'ㅼ'과 'ㅷ', 그리고 'ㅄ'과 'ㅆ'의 표기가 혼동되었다. 종성의 'ㅅ'과 'ㄷ'이 심하게 혼동되다가 18세기에 이르러서는 'ㄷ'이 없어지고 'ㅅ'으로 통일되는 경향을 보였다.

11.2.1. 음운

ㆍ의 소실 17세기부터 어두음절의 'ㆍ'가 'ㅡ, ㅗ' 등의 모음으로 변하는 예들이 나타난다. 'ᄒᆞᆰ>흙, ᄉᆞ매>소매' 등이 그 예이다. 18세기 중엽에 'ㆍ'의 실제적인 발음은 소실되었을 것으로 추정한다. 어두음절에서 'ㆍ>ㅏ'와 같은 변화가 'ᄀᆞ래>가래, ᄃᆞᆯ팡이>달팽이'에서와 같이 발견되기 때문이다. 글자로서의 'ㆍ'의 폐지는 1933년의 일이다.

'ㅐ, ㅔ'의 단모음화 이들은 중세국어에서 [ay, əy]를 나타냈으나, 18세기에 현대국어와 같은 [ɛ, e]의 단모음으로 변화한 것으로 추정된다. 이에 따라 모음체계는 다음과 같이 8모음체계로 변화한 것으로 본다.

이	으	우
에	어	오
애	아	

'외, 위'는 근대국어 시기에 아직 단모음화에 이르지 않은 것으로 추정된다.

원순모음화 원순모음화는 순음인 'ㅁ, ㅂ, ㅍ' 뒤에서 'ㅡ' 모음이 '우'로 바뀌는 현상이다. 곧 '므, 브, 프'가 '무, 부, 푸'로 바뀌는 변화로서 '믈>물, 블>불, 플>풀' 등의 예가 있다.

구개음화 구개음화는 '이, y' 앞에서 'ㄷ, ㅌ, ㄸ'이 'ㅈ, ㅊ, ㅉ'으로 바뀌는 현상으로, 사례로는 '티다>치다, 디새>지새, 디다>지다, ᄢᅵ다>씨다, 딕희다>직희다, ᄶᅵᇂ다>찧다, 텬디>천지(天地)' 등을 들 수 있다. 이 변화는 남부지방에서 시작되어 중부로 확산되었다.

어두경음화와 유기음화 어두경음화는 평음 계열의 단어들이 경음 계열의 단어로 바뀌는 변화로, '곶다>ᄭᅩᆽ다, 걹->ᄶᅥᆨ-, 곳고리>ᄭᅬ고리, ᄀᆞᆺᄀᆞᆺᄒᆞ다>깨끗하다, ᄃᆞᆺᄃᆞᆺᄒᆞ다>따뜻하다' 등의 사례를 들 수 있다. 현대국어에도 남부방언을 중심으로 간혹 어두경음화 현상을 볼 수 있다. '고추>꼬추, 섞다>썪다' 등이 그 예이다. 유기음화는 평음 계열의 단어들이 유기음 계열의 단어로 바뀌는 변화로서, '닻>탓, 불무>풀무, 고키리>코키리' 등의 사례를 들 수 있다.

11.2.2. 문법

중세국어에서는 구별되던, 파생명사에 붙는 접미사 '-ᄋᆞᆷ/음'과 명사형 어미 '-옴/움'의 차이가 구별되지 않게 되었다. 본래 동사인 '긼-, 두리-, 젛-, 믜-' 역시 사용되었지만 이보다 이들과 'ᄒᆞ-'의 합성에 의한 '깃거ᄒᆞ-, 두려ᄒᆞ-, 저허ᄒᆞ-, 믜여ᄒᆞ-' 등이 자주 사용되었다.

주격조사 '가'가 근대국어 시기에 출현하였다. 17세기의 첩해신어에서 'ᄇᆡ가 올 거시니, 東萊가 요ᄉᆞ이 편티 아니ᄒᆞ시더니' 등을 찾아볼 수 있다. 주격조사 '가'는 먼저 반모음 y로 끝난 말 다음에 쓰이다가 점차 모음으로 끝난 모든 명사 뒤로 쓰임이 확대된 것으로 추정된다.

관형격조사는 '의'만 존재한다. 'ㅅ'은 근대국어에서 문자 그대로 '사이시옷'이 되었다. 공동격조사 '와/과'는 근대국어에 와서 각각 모음 뒤와 자음 뒤로 출현 환경이 확정되었다. 즉, 자음 중 'ㄹ' 뒤에서는 '와'가 결합하였으나, '과'가 결합되게 되었다. 존칭의 호격조사 '하'는 근대국어에서는 쓰이지 않게 되었다.

의도법의 '-오-'는 근대국어에서 자취를 감추었으며, 중세국어의 '-ᄉᆞᆸᄂᆞ이다'는 근대국어에 이르러 '-ᄋᆞᆸᄂᆡᆼ이다, -ᄋᆞᆸᄂᆡ이다, -ᄋᆞᆸᄂᆡ다' 등을 거쳐 현대국어의 '-(으)ㅂ니다'로 발달하였다. 즉 객체높임의 '-숩-'이 근대국어에 이르러서는 그 기능이 달라지고 상대 높임의 기능을 하는 어미 속에 흔적을 남기고 있는 것이다. 과거시제의 '앗/엇'은 중세 국어 '-아/어 잇-'에 기원을 둔 것으로 근대국어에 이르러 과거의 기능을 수행하게 되었다. 중세국어의 '-더이다, -ᄂᆞ이다, -노이다, -노소이다, -도소이다' 등에서 '-다'가 탈락한 형태가 근대국어에서는 일반화되어 '-데, -ᄂᆡ, -뇌, -노쇠, -도쇠' 등으로 나타난다.

명령형어미로 중세의 '-아쎠'가 없어지고 '-소'가 등장하였다.

(5) **여긔 오ᄅᆞ옵소, 나 ᄒᆞᄂᆞᆫ 대로 ᄒᆞ소, 고디 듯디 마옵소**

중세국어의 의문형어미 중 '-녀, -려'는 근대국어에서 '-냐, -랴'로 변화하였다.

(6) **아니호미 가ᄒᆞ냐, ᄇᆞᄅᆞᆷ 마시랴**

11.2.3. 어휘

고유어가 한자어로 대체된 경우가 많이 있다. '뫼 山, ᄀᆞᄅᆞᆷ 江, 아ᅀᆞᆷ 親戚, 오래 門' 등이 그 예이다.

한편, 서양과의 직간접적 접촉을 통해 외래어가 들어왔다. '자명종(自鳴鐘), 천리경(千里鏡), 담배' 등이 그 예에 해당된다.

제12장

방언의 이모저모

생각 깨우기

◈ 다음 대본을 읽고 물음에 답해 보자.

당황제(중국말-자막): 그 질서는 하늘이 정했고, 짐은 하늘의 아들 천자다!

연개소문: 니 아바이 당태종이가 형제들 쳐 죽이고 황제된 것도 하늘이 정한 질서냐?!

김춘추: 니 진짜 무식하데이, 황제께선 정권의 철학적 정통성을 말씀하고 안 있나?

연개소문: 정통성? 그래, 나는 쿠데타 일으켜 정권 잡았다 와?! 김춘추, 니, 반쪽짜리 왕족 주제에, 김유신이랑 짝짜꿍해서 정권 잡지 안아서?! 의자왕, 니 애비도 서자 아니어서?! 여기 정통성 있는 놈이 어딨서? 떼놈들이 인정해 주면 그게 정통성인가? 전쟁은 정통성 없는 놈들이 정통성 세울려고 하는 기야.

의자왕: 맞제, 고것이 정치적 경륜이제!

김춘추: 정치적 경륜?! 하루가 멀다 하고 쳐들어와 남의 백성 쳐 죽이는 게 경륜이가?! 니 놈 왕 되고 지난 20년간 우리 신라는 하루도 편할 날 없었데이!!

의자왕: 아 즉위 초기에 정권장악 허고, 국론통일 할라믄 다들 하는 거 아녀? 우리 선수들끼리 지난 야그는 허지 말자.

1. 등장인물의 대사를 통해 드러나는 언어적인 특징을 말해 보자.

   연개소문:

   김 춘 추:

   의 자 왕:

2. 지역에 따른 차이가 과거에는 어떤 양상으로 나타났을지 자신의 생각을 말해 보자.

3. 내가 만약 영화 시나리오 작가라면 언어적 표현을 어떻게 처리할지 말해 보자.

12.1. 언어와 방언, 표준어와 방언

12.1.1. 한국어와 방언

한국어란 대체로 수많은 한국인들이 사용하고 있는 말들의 총화라 할 수 있다. 내가 쓰고 있는 말은 한국어임에 틀림없지만 그것은 한국어의 한 종류일 뿐이다. 한국어는 구체적인 실체가 존재한다기보다 어느 정도 추상화된 개념으로, 경상도 사람이 사용하는 말도 한국어이며 충청도 사람이 사용하는 말도 한국어이다. 이 둘 사이에는 공통점도 있지만 차이점도 있다.

방언은 한 언어(여기에서는 곧 한국어) 내에서 분화된 하위의 언어 체계로서, 방언 역시 구체적으로 실체가 존재한다기보다 어느 정도 추상화된 개념이다. 경남 사람이 사용하는 말은 경남방언이며 경북 사람이 사용하는 말은 경북방언이다. 경상방언은 곧 경남방언과 경북방언을 아우르는 개념으로 결국 한국어는 한국의 여러 방언들의 총화이다.

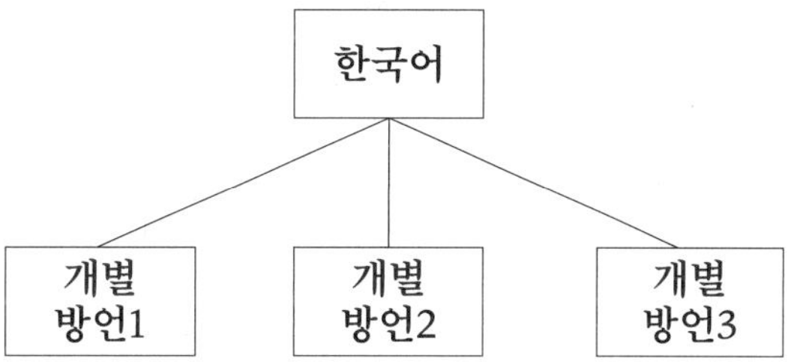

12.1.2. 표준어와 방언

방언은 어느 정도 추상화된 개념이지만 자연발생적으로 나타난 국어의 한 종류를 이른다. 이에 비해 표준어는 자연언어가 아니라 사람들이 인위적으로 기준을 정해 결정한 인공언어이다. 표준어는 대체로 교양 있는 사람들이 두루 쓰는 현대 서울말을 기초로 하여 만들어졌는데, 표준어의 지나친 보급으로 방언이 위축되기도 하였다. 곧 방언은 장려되지 못하는 열등한 존재로서 공식적인 상황에서는 쓰기 힘든 존재로 이해되기도 하였다.

그러나 방언은 실재하는 언어로서 표준어와 상호보완적인 작용을 한다. 표준어 역시 특정 지역(서울을 중심으로 한 중부지역)을 기반으로 정해진 언어이기 때문에 방언과 밀접한 관련을 가지고 있지만, 독자적인 양상으로 나타나기도 한다

표준어	서울방언
돈	둔
흰떡	흔떡
줍는다, 주워	줏는다, 줏어
하고 있어	허구 있어

여기에서 '방언'이라는 용어는 가치중립적인 태도로 사용한다. 곧 '방언'은 '중앙'에 대비되는 '지방'의 언어라는 의미가 아니라 '중앙' 역시 '지방'의 한 종류로 받아들여, 실재하는 모든 한국어에 '방언'이라는 용어를 사용한다. 따라서 서울방언, 중부방언이라는 용어도 자연스럽게 성립한다.

12.2. 방언조사 방법론

12.2.1. 질문지

질문지는 방언조사에 있어서 조사할 것을 정리하여 놓은 조사 도구를 가리키는데, 격식질문지와 약식질문지로 나눌 수 있다. 격식질문지는 조사항목과 질문문이 함께 제시되는 질문지이며, 약식질문지는 질문문은 없이 조사항목만 제시되는 질문지이다.

조사항목을 질문하는 질문법은 직접질문법과 간접질문법으로 나눌 수 있는데, 직접질문법은 표준어로 어떤 형태를 제시하고 짝이 되는 방언형을 묻는 방식이다. 이에 비해 간접질문법은 어떤 형태도 제시함이 없이 해당 방언형을 묻는 방식인데, 명명식/완결식/치환식/이야기식 질문법, 역질문법은 모두 간접질문법에 해당된다.

12.2.2. 제보자

방언 자료를 전해 주는 사람을 제보자라 한다. 제보자가 갖추어야 할 조건으로는, 토박이 화자 조건과 어머니 조건, 나이와 성별, 신체 등의 조건이 있다. 방언조사에 있어서 제보자가 1명으로 한정될 필요는 없다. 제보자 조건을 만족시키는 한에서 복수의 제보자도 가능하다.

12.2.3. 면접

준비한 질문지에 따라 제보자와 마주하여 자료를 수집하는 과정을 면접이라 한다. 우선 방언조사에 적합한 제보자인지, 다시 말해 제보자가 해당 조건에 맞는지 확인한 후에 면접을 진행해야 한다. 본격적인 면접의 시작은 (농촌일 경우) 보통 '농사'와 관련된 질문을 배치한다. 제보자와 조사자의 관계는 '선생과 학생'의 관계여야 한다. 조사의 효율을 위해 휴식 시간을 가지는 것이 좋다. 면접의 장소는 제보자의 집이 가장 좋으며, 필요에 따라 그 집에서 숙식을 같이 하기도 한다.

12.2.4. 조사원

조사원은 제보자를 선정하고 조사를 진행해 나가는 사람으로서, 조사원의 자질은 언어학도의 배경을 갖추고, 밝은 귀, 참을성과 끈기, 사교성, 풍부한 지식 등을 가지고 있는 것이 좋다.

12.3. 언어시도와 등어선

12.3.1. 언어지도

어떤 언어 현상이 각 지점에서 어떻게 나타나는지 보여주는 지도를 언어지도라 하는데, 곧 어떤 언어 현상과 관련되는 여러 방언형들의 지리적인 분포를 나타내는 지도를 말한다. 언어지도는 방언 자료를 지도에 기입해 넣는 방식에 따라 진열지도와 해석지도로 나뉜다.

진열지도는 각 지점에 해당 방언형을 기입해 넣는 방식의 지도를 일컫는데, 여기에는 음성기호지도, 도형지도, 색채지도, 분포지도 등이 존재한다. 음성기호지도는 음성기호인 [a, o, u, ə, ɛ, ɨ, i] 등으로 해당 방언형을 표시하고 해당 지점에 나타낸 지도이며 도형지도는 해당 방언형을 ○●◎ 등의 도형으로 채택하여 해당 지점에 나타낸 지도이다. 색채지도는 색깔을 이용하여 해당 방언형을 나타낸 지도이며, 분포지도는 각 지점에 기호를 넣는 대신 그 방언형이 쓰이는 지역을 점이나 사선 등으로 나타낸 지도이다.

해석지도는 진열지도의 바탕 위에서 더 단순화된 방식으로 해석한 지도를 말하는데, 구획지도와 혼합지도로 구분할 수 있다. 구획지도는 한 방언형이 나타나는 지역을 묶어 한 구역으로 표시하는 지도이며, 혼합지도는 구획지도의 방식을 따르되, 간헐적으로 등장하는 방언형을 무시하지 않고 인정하여 표시하는 지도이다.

12.3.2. 등어선

등어선은 어떤 언어 특징이 차이를 일으키는 두 지역을 가르는 분계선을 의미한다. 등온선이 같은 온도의 지역을 연결한 선인 것처럼, 등어선은 같은 언어 특징을 가지는 지점을 연결하는 선의 의미가 있다. 그러나 실제로는 그 선을 경계로 다른 어형을 쓴다는 의미로 사용하는 경우가 더 많아, 언어분계선이라 할 수 있다.

등어선은 단선 등어선과 복선 등어선으로 나눌 수 있는데, 단선 등어선은 두 어형이 나타나는 지역 사이를 통과하는 임의의 선이 하나인 등어선이며, 복선 등어선은 서로 다른 두 어형을 쓰는 지점이 있을 때, 서로 마주보면서 다른 어형을 쓰는 지점을 연결하여 선이 두 개인 등어선이다. 단선 등어선은 임의의 선이라는 약점이 있고, 복선 등어선은 더 정밀하고 책임을 진다는 강점이 있다. 실제로 방언지도에서 많이 활용되는 것은 단선 등어선으로, 간명하고 편리하기 때문이다.

실제 언어 현상을 바탕으로 등어선을 그어 보면, 대개의 경우 개별 현상에 따라 저마다의 흐름을 따로 가진다. 그러나 몇몇 등어선은 거의 같은 지역을 통과하는 경우도 있어서 등어선의 다발을 이루기도 한다. 등어선속은 곧 한 곳에 여러 개의 등어선이 다발로 존재한다는 뜻이므로, 등어선속으로 방언구획의 기준을 삼는다. 이탈리아의 등어선속과 독일의 등어선속 지도를 참조할 수 있다.

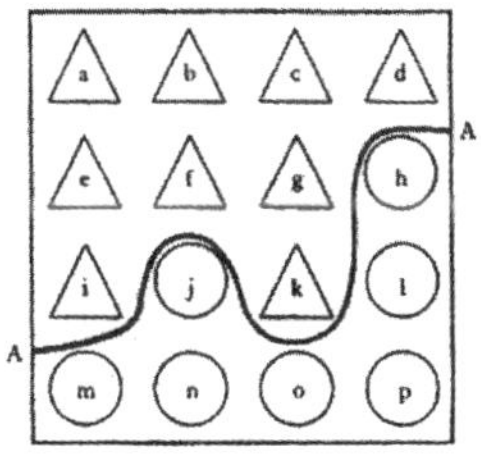

〈지도1〉 단선 등어선(Chambers and Trudgill 1998:90)

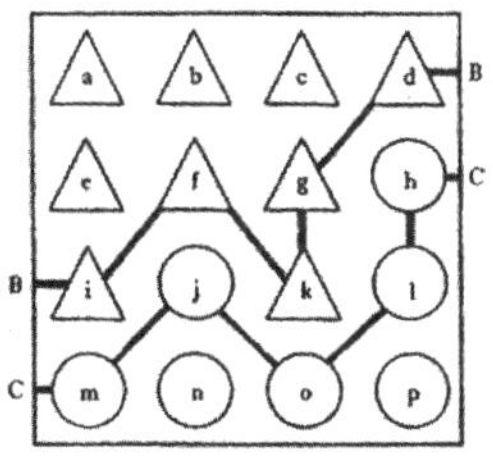

〈지도2〉 복선 등어선(Chambers and Trudgill 1998:90)

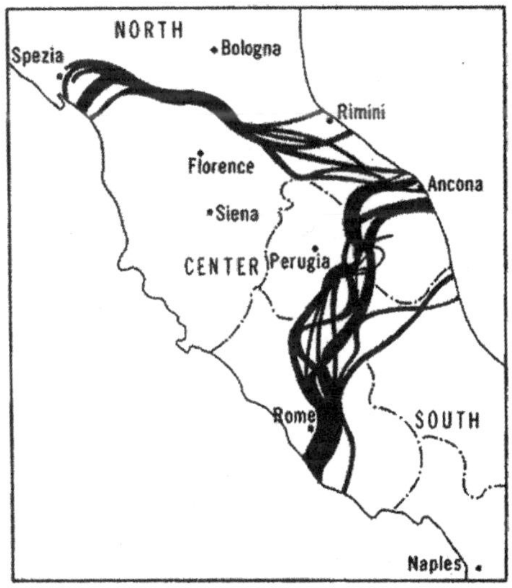

〈지도3〉 이태리를 삼분하는 등어선속(Kurath 1972:90)

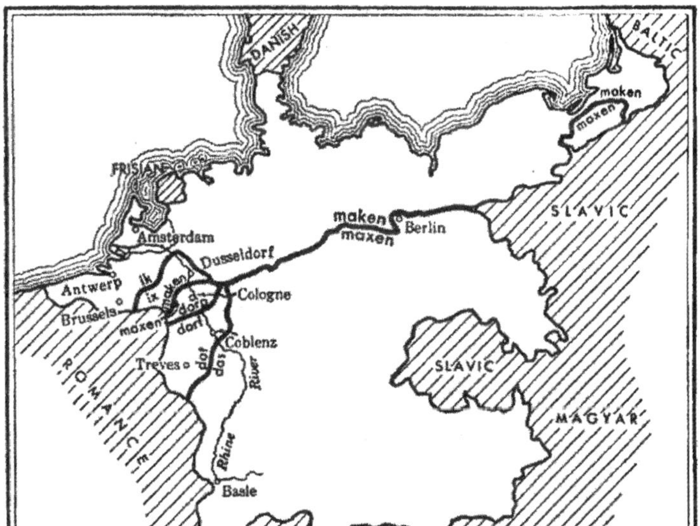

〈지도4〉 독일을 양분하는 등어선속(Bloomfield 1933:344)

〈지도5〉 '가위'의 방언지도(김병제 1988:241)

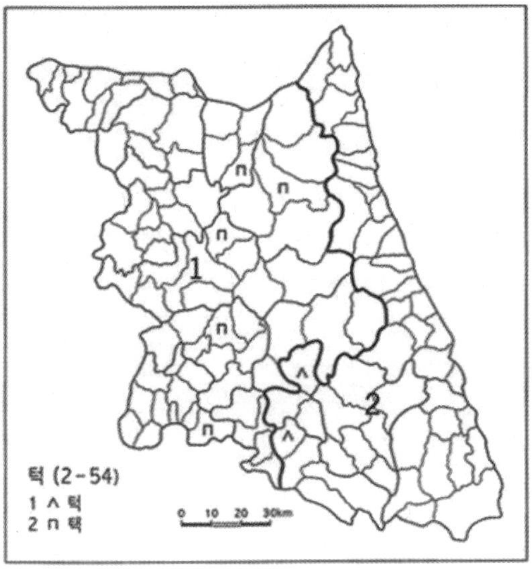

〈지도6〉 강원도의 혼합형 해석 지도(이익섭 1981:220)

12.4. 국어 지역 방언의 특징

12.4.1. 국어의 방언권 구분

국어의 지역 방언을 최초로 구분한 결과는 경상도방언, 전라도방언, 함경도방언, 평안도방언, 경기도방언, 제주도방언 등이었다. 그런데 국어의 방언권 구분은 몇 가지 중간 층위를 두고 나누는 방식도 가능할 것이다. 먼저 크게 북부방언군과 남부방언군으로 나누고서, 북부방언군에 경기도방언, 강원도방언, 황해도방언, 충북방언, 함경도방언, 평안도방언을, 남부방언군에 나머지 방언을 소속시킨 경우도 있다. 이와는 달리 동부방언과 서부방언으로 크게 나누고, 동부방언에는 동남방언과 동북방언을, 서부방언에는 서북방언, 중부방언, 서남방언, 제주도방언 등을 소속시키기도 한다.

12.4.2. 각 방언의 특징

각 방언의 특징은 대체로 음운, 문법, 어휘적인 측면으로 나누어 간략히 살펴본다.

경기도방언 음운: 'ㅁ, ㅂ' 등 뒤에서 '오'가 '어'로 바뀐 변화의 영향으로, '버리(보리),

번바탕(본바탕), 머처럼(모처럼)' 등이 폭넓게 쓰인다.

문법: 평서문에서는 '갑니다, 가우, 가네, 간다'와 같은 경어법 형식과 함께 '가유, 가' 등이 쓰인다.

어휘: 특징적인 어휘로는 '망핳다/망하다, 그렇다, 내훑는다, 무허다, 장난놀다, 바람치다' 등을 들 수 있다.

강원도방언 **음운**: 명사의 마지막 음절에 '이'가 첨가되는 현상은 주로 영동지역에서 볼 수 있는데, '감재(감자), 허패(허파), 남재(남자), 고등에~고등애(고등어), 도매(도마)' 등이 이에 해당한다.

문법: 영월·삼척·강릉·정선·평창 등에서는 서술격 조사 '이-'가 종결어미 '-아/어'나 '-아/어요' 앞에 나타나는 경우에는 '-래'로 나타난다. 예: 해 먹는 것도 보통이 아이래(아니야)

어휘: 삼척 지역에는 '대끼지(수수), 아벵이째(모조리)', 고성·양양 지역에는 '가데기(극젱이), 퉁갈나무(청미래덩굴)' 등의 특이한 어휘가 쓰인다. 강릉·삼척 지역에는 흔히 미혼 삼촌을 가리키는 어휘인 '아재'가 고모나 이모를 가리키는 데에 쓰인다.

충청도방언 **음운**: '위, 외'로 대응되는 몇몇 예들이 아직 하향 이중모음으로 발음되는 지역이 있음은 충청도 방언의 특징적인 현상이다. 예: 귀(kuy), 사위(sauy), 외가(oyga).

문법: 충청도 방언의 특징적인 어미로는 '-유'를 들 수 있다. 예: 그리유?, 참말이어유?, 무신 소리유?

어휘: 특징적인 어휘로는 '도치(도끼), 산내끼(새끼), 몸지(먼지), 오돌개(오디), 둠벙(못), 여우다~에우다(시집보내다), 미깔맞다(밉다), 숙금하다(조용하다), 내등(여태까지), 넵세(오히려), 불나기(빨리)' 등이 있다.

전라도방언 **음운**: 움라우트 현상이 활발하게 일어나, '두루매기(두루마기), 핵교(학교), 뱁이나(밥이나) 묵어라' 등을 볼 수 있다.

문법: '하오체'의 종결어미인 '-오/소'가 널리 쓰이는데 아주높임으로도 쓰일 수 있다. 예: 멋 허요?, 밥 묵소.

어휘: '겁나다'는 '무섭다'의 의미로 쓰이는 것 외에, '무서울 정도로 심하게'의 의미를 가진다. 예: 비가 겁나게도 오네, 니 방에는 책이 겁나다.

경상도방언 **음운**: 서부경남 지역 일부에서는 '에'와 '애'의 구별이 존재하기도 하며, 북부경북 지역 일부에서는 '으'와 '어'의 구별이 존재한다. 경북의 낙동강 동쪽 지역과 경남의 양산·밀양·언양 등에는 'ㅆ'이 존재하지 않는다.

문법: 중앙어와 형태가 다른 의문형 종결어미로는 '-심니꺼/까(-습니까), -능교, -니이꺼' 등을 들 수 있다. 예: 머 잡심니꺼?, 머 잡능교?, 머 잡니이꺼?

어휘: '동개다(포개다), 후비다~도딕키다(훔치다), 까리비다(꼬집다), 맥지~백지(공연히), 맹(역시), 그릉지(그림자), 수껑~수꿍(숯), 심장구~멍장구(멍), 깝치다(재촉하다)' 등은 이 방언의 독특한 어휘로 볼 수 있다.

제주도방언 **음운**: 단모음으로 '이, 에, 애, 으, 어, 아, 우, 오, ᄋᆞ'의 9개가 존재한다. 'ᄋᆞ'는 중세국어에서 첫 번째 음절이 'ᄋᆞ'인 예에 대응된다.

문법: 격조사로는 '-이/가, -을/를, -이(소유격), -으로, -에, -안티/-신디/-고라(여격), -더레(향격), -이영/-광(공동격)' 등이 있다. 예: 감이영 베영 사과(감과 배와 사과), 감광 베광 사과(감이랑 배랑 사과), 형안티 사과를 철수신디 주레 ᄒᆞ라(형에게 사과를 철수보고 주라고 해라).

어휘: '가라ᄆᆞᆯ(흑마), ᄀᆞᆯ겡이(호미), 꽝(뼈), ᄂᆞ단손(오른손), ᄂᆞᆷ삐~무수(무), ᄃᆞᆨ세기(달걀), 비바리(처녀), 세우리(부추), 지실(감자)' 등 독특한 어휘가 많다.

황해도방언 **음운**: 중세국어에서 상성이었던 '새(鳥), 매(鷹), 개(犬)' 등은 하향 이중모음으로 '사:이, 마:이, 가:이'로 나타난다.

문법: 추측이나 의도의 선어말어미 '-겠-'은 이 방언에서 '-갓-'으로 나타난다. 예: 내 하갓어(내가 하겠어).

어휘: 부계친족과 모계친족에 대한 호칭어가 같다는 점도 어휘상의 특징적인 점이다. 예를 들어 백모와 이모(어머니 언니)는 모두 '큰오마니', 숙모와 이모(어머니 동생)은 모두 '작은오마니'라 한다. 이는 북부방언(함경·평안 방언) 친족 명칭의 특징이기도 하다.

평안도방언 **음운**: 자음 중에서 'ㅈ, ㅊ, ㅉ'은 각각 치조음인 [ts, tsh, ts']로 소리가 남이 특징적이다. 또한 역사적으로 구개음화를 겪지 않아서 '당마(장마, 댱마), 턴디(천지, 텬디), 돟다(좋다, 둏다), 너자~네자(여자, 녀자)' 등으로 나타난다.

문법: 주격 조사로 '-이/-래'가 있다. 예: 그 넝감이 날과 동갑이디(그 영감이 나와 동갑이지), 내래 갓다오갓수다(내가 갔다오겠습니다), 더기 바다이 뵘네다(저기 바다가 보입니다).

어휘: 특징적인 어휘로는 '난물(큰물), 찬밥(점심), 우티(옷), 넢차개(호주머니), 몽댕이(먼지), 벨구디(벼룩), 고추(후추), 잉간(식구), 싸다(비싸다), 쑤왁허다(부끄럽다, 미안하다), 크나반~크나배(할아버지), 클마니~클만(할머니), 맏아뱀(큰아버지), 맏어맴(큰어머니), 서나(남편), 에미네~낸:(아내, 여자), 오레미(올캐), 적은아(동생), 가소마니(장모)' 등이 있다.

함경도방언 **음운**: 높낮이로 의미가 구별되는 성조가 존재한다.

문법: 존대의 서술형 어미로 '-읍/슙메다, -우/수다, -오/소다' 등이 있다. 보고법 어미로 '-읍/슙데'가 널리 쓰이고 함남에서는 평대의 서술/의문/청유형 어미로 '-지비'가 쓰인다. 예: 하압데, 먹습데, 하지비, 합지비, 했습지비.

어휘: 특징적인 어휘로는 '가매치(누룽지), 겡게(감자), 동삼(겨울), 불술기(기차), 쉐투리(씀바귀), 아슴채이오(고맙소), 앙까이(아낙), 자라이(어른)' 등이 있다.

12.5. 사회방언

12.5.1. 사회방언과 지역방언

지역방언이 지리적인 분포에 따라 달라지는 방언이라면, 사회방언은 사회계층, 성별, 연령 등의 사회적인 요인으로 달라지는 방언을 말한다. 다시 말해 상류층/하류층의 언어, 남성/여성의 언어, 노년층/청소년층의 언어가 달라지는 경우를 말한다. 지역방언에서는 주로 옛말의 흔적 등을 찾고자 전래적인 항목을 중심으로 시골을 조사 대상으로 택한다. 즉, 특정 현상의 유무를 기준으로 언어 현상을 판단한다. 하지만 사회방언에서는 다양한 사회문화적 배경의 사람들이 모여서 살아가는 도시를 조사 대상으로 택한다. 따라서 특정 현상의 유무가 아니라 비율 혹은 경향으로 언어 현상을 판단한다.

12.5.2. 사회계층에 따른 분화

사회계층은 어느 사회에서나 존재하여, 상류층과 중류층 그리고 하류층으로 구분된다. 하지만 그 구분에는 명확한 기준이 존재하지 않는다. 다만, 학력, 주거, 소득 등등 다양한 요인을 활용하여 사회계층을 구분하고자 노력한다. 인도의 카스트 제도 등에 따른 구분은 그것을 사회계층이 아니라 사회계급이라 부를 수 있을 정도로 카스트 간의 이동이 제한되어 있는 사회도 존재한다.

모음 뒤 r의 발음을 조사한 Labov의 연구가 매우 유명한데, 그 발음의 비율은 사회계층과 밀접한 상관관계를 가진다는 점을 실증적으로 밝힌 연구로서 가치가 높다. 계량분석 방법을 통해 출현 빈도로 언어 차이를 밝히는 방법론적 특징을 보여줌으로써 사회방언 연구의 한 획을 그었다고 평가할 수 있다. 우리나라의 경우 사회계층에 따른 분화를 확실하게 보여주는 연구는 거의 없었다. 이는 우리나라의 경우 사회계층 자체가 유동적인 성격을 띠는 것으로 이해된다.

12.5.3. 성별에 따른 분화

성별에 따른 언어차는 언어 사회에 따라 뚜렷하기도 하고 미미하기도 하다. 성별에 따라 친족명칭의 말이 달라지기도 하는데, '오빠'와 '형'은 brother에 해당한다. 외국의 연구 결과들을 보면, 남성이 여성보다 비표준어를 더 많이 사용하는 것으로 조사되었다. 여성은 남성에 비하여 표준어 지향적 성격이 강하여 그러한 비율이 상대적으로 높게 나타났다. 서양의 연구에서 공통적으로 지적되는 사항으로, 여성의 표준어 지향 경향은 여성이 사회적 지위에 더 민감한 현상과 관련시켜 이해하였다.

12.5.4. 연령에 따른 분화

세대차에 의한 언어차는 70대와 20대를 대상으로 두 세대 간의 언어를 비교하면 여러 가지 차이를 발견할 수 있다. 이 경우 언어차를 일으킨 사회적 요인은 세대차이다. 노년층은 대체로 젊은 시절에 익힌 언어 습관을 그대로 유지하는 경향이 있다. 청년층은 대개의 경우 언어의 개신이 일어나는 세대이다. 연령 단계에 의한 언어차는 일정한 연령 단계에 이르게 되면 그러한 언어적 특징을 보이는 차이이다. 예를 들어 젊은층에서 많이 사용하던 비속어 등이 장년층을 거치면서 그 비율이 줄어들게 된다. 이는 특정 연령 단계에서 사용하게 되는 언어적 특징이 존재함을 의미한다.

제13장

한국어 교육의 이해

13.1. 한국어 교육의 개념과 특징

13.2. 한국어 교육의 원리

13.3. 한국어 교육의 목표와 내용

13.4. 초급 학습자를 위한 한국어 교육

생각 깨우기

◈ 다음은 '한국이 나에게 주는 의미'에 대해 중국인 유학생이 쓴 글이다.

〈나에게 한국이란 나를 성장시키는 곳이다.〉

원래는 내가 대부분 중국 학생처럼 중국에서 대학교를 다니며 졸업하고 좋은 일을 찾아서 부모님신변에서 살다고 생각했다. 그런데 지금은 자신의 꿈을 실현하기 위해 한국에 유학으로 왔다. 그러나 한국에서 생활하고 공부를 하다 보니 이 동안은 정말 수확을 많이 받았다.

한국에서 내가 혼자를 어떻게 살는 것을 알게 된다. 한국에 오기 전에 다 부모님이랑 생활 했는데 한국에 와서 혼자 살는 것을 꼭 직면해야 한다. 지금은 혼자 살는 지 1년을 돼서 혼자 살아도 잘 살 수 있다는 자신은 있다.

한국에서 내가 곤란을 어떻게 극복하는 것을 알게 된다. 유학하면 생각 못한 일이 정말 많은데 그들은 극복하기 안 돼면 생활 더 어려우질 수가 있다. 그래서 나는 곤란을 극복하기 위해 방법을 많이 찾으면서 경험도 많이 받았다.

한국에서 내가 친구를 어떻게 잘 사귀는 것을 알게 된다. 내가 중국에서 친구도 많이 있지만 한국에서 친구를 사귀는 것 좀 다르다. 한국에서 사귀던 다른 나라의 친구도 있어서 서로 친해지고 싶으면 다른 나라의 문화 차이도 이해해야 한다.

이런 것뿐만 아니라 내가 한국에서 생활하면서 배웠던 경험했던 것은 정말 너무 많다. 이런 경험 때문에 내가 점점 성장한 것 같다. 그래서 내가 한국이란 나를 성장시키는 것이라고 말한다.

1. 위 글을 읽으며 중국인 유학생이 쓴 글의 특징이 무엇인지 생각해 보라.

2. 여러분이 외국어로 '○○이 나에게 주는 의미'를 주제로 글을 쓰는 데 어느 정도의 학습 기간이 필요할지 생각해 보라.

3. 우리는 외국어로 말을 하거나 글을 쓸 때 외국어의 발음, 어휘, 문법 등을 올바르게 알고 사용하도록 해야 한다. 외국인이 한국어로 자신의 의사를 표현할 때도 마찬가지다. 외국인이 정확한 한국어로 한국인과 유창하게 의사소통하도록 가르치는 것을 한국어 교육이라고 한다. 한편, 외국인은 아니나 한국어 교육이 필요한 사람들이 있다. 이들은 어떤 배경을 가진 사람들인지 생각해 보라.

13.1. 한국어 교육의 개념과 특징

13.1.1. 국어와 한국어

사전적 의미로 '국어(national language)'는 한 나라의 국민이 사용하는 언어이며, '한국어(Korean language)'는 한국인이 사용하는 언어이다. 따라서 한국인의 '국어'는 '한국어'이다. 그런데 일반적으로 국내에서 한국어를 모어로 하는 내국인을 대상으로 하는 우리말 교육에 대해서는 '한국어 교육'이 아닌 '국어 교육'이라 일컫는다. '한국어 교육'은 국내외에서 한국어를 모어로 하지 않는 외국인, 재외동포, 이주민 등을 대상으로 하는 우리말 교육을 말한다. 이처럼 학습 목표 언어는 '한국어'로 동일하더라도 교육 대상에 따라 '국어'와 '한국어'를 구분하여 사용하고 있다.

국어 교육과 한국어 교육의 교육 대상이 다른 만큼 각각이 지향하는 바도 다르다. 국어 교육은 한국인이 국어를 올바르게 익혀 일상적인 언어 생활을 원활히 할 뿐만 아니라, 인격을 형성하며 국민 문화의 전승, 창조, 국어 개선에 이바지하도록 하는 데 목표를 둔다. 이와 달리 한국어 교육의 목표는 한국어 학습자가 한국어 사용과 관련된 지식을 활용하여 정확하고 유창하게 한국어로 의사소통할 수 있는 능력을 향상시키도록 하는 것이다.

13.1.2. 한국어 교육 환경

한국어 교육은 학습자가 처해 있는 환경에 따라 외국어로서의 한국어 교육과 제2언어로서의 한국어 교육으로 나눌 수 있다. 외국어로서의 한국어 교육은 학습자가 속해 있는 언어 공동체에서 한국어가 주요 의사소통 수단이 아닌 제한된 환경에서 사용되는 경우에 해당된다. 주로 해외에서 한국어를 취미로 배우는 학습자에게 행해진다. 제2언어로서의 한국어 교육은 학습자가 속해 있는 언어 공동체에서 한국어가 공인된 의사소통 수단으로써 사회적 역할을 수행하는 경우에 해당된다. 국내 대학 및 대학원의 외국인 유학생, 국내 체류 외국인 근로자, 결혼이민자 등이 교육 대상이 된다.

13.1.3. 한국어 교육 내용

한국어 교육의 내용은 '언어 지식 영역', '언어 기능 영역', '문화 영역' 등 크게 세 가지로 나뉘며, 최근 '문학 영역'이 포함되는 추세이다.

언어 지식 영역에서는 발음 교육, 어휘 교육, 문법 교육을 다룬다. 발음 교육에서는 한국어의 음운에 대한 지식을 바탕으로 정확하고 유창하게 발음하도록 하는 데 중점을 둔다. 한국어 자음의 특성, 혀의 높낮이와 위치, 입술 모양과 모음 체계, 단모음과 이중 모음 발음 방법, 음절끝소리 규칙 등 발성 기관과 음운 체계에 대한 교육, 한국어의 음절 구조 교육, 'ㅡ' 탈락, 'ㄹ' 탈락, 'ㄷ' 불규칙, 'ㅅ' 불규칙, 'ㅂ' 불규칙, '르' 불규칙, '러' 불규칙, 'ㅎ' 불규칙 등의 음운 규칙에 대한 이해와 사용 교육, 평서문, 의문문, 명령문, 청유문 등 문장 유형에 따른 억양 교육이 이루어지고 있다.

어휘 교육은 어휘의 의미를 이해하고 의사소통 상황에 알맞은 어휘를 사용하도록 하는 교육으로, 일상생활에 필요한 기초 어휘는 물론 학습자의 학습 목표 및 요구에 따라 전문 영역의 어휘를 아우를 수 있다. 기본적으로 어휘의 형태, 기능, 의미에 따라 분류된 품사에 대한 교육, 파생어와 합성어 등 복합어의 구조에 대한 교육, 유의어, 반의어, 다의어, 동음이의어, 상하위어 교육을 통한 어휘 확장, '앙앙, 엉엉', '깡충깡충, 껑충껑충', '반짝반짝, 번쩍번쩍', '돌돌, 둘둘' 등 음성상징어의 모음 교체를 통한 어감 차이 이해 교육 등이 이루어질 수 있다. 아울러 '발이 넓다', '손이 크다', '미역국을 먹다', '바람을 맞다', '바가지를 쓰다', '시치미를 떼다', ''아' 다르고 '어' 다르다', '돌다리도 두드려 보고 건너라' 등 관용 표현에 대한 교육도 행해진다.

문법 교육에서는 한국어로 문장을 형성하는 데 필요한 문법 단위 및 규칙을 이해하고 표현하는 데 목표를 둔다. 한국어의 기본적인 문장 구조를 이해하고 조사, 어미, 정형화된 문법 형태를 정확하게 사용하여 문장을 생산하도록 하며, 부정, 시제, 피동과 사동, 높임, 양태 등의 문법 범주를 적절히 사용하여 화자의 의도를 정확하게 표현할 수 있도록 해야 한다.

언어 기능 영역에는 말하기 교육, 듣기 교육, 쓰기 교육, 읽기 교육이 해당되며, 구어 영역과 문어 영역, 표현 영역과 이해 영역으로 나뉜다. 말하기 교육은 구어 및 표현 영역에 속하며 음성 언어로 학습자가 전달하려는 내용을 정확하고 유창하게 표현하도록 하는 교육이다. 듣기 교육은 구어 및 이해 영역에 속하며 음성 언어로 이루어진 텍스트를 학습자의 배경지식을 활용하여 이해하도록 하는 교육이다. 쓰기 교육은 문어 및 표현 영역에 속하며 문자 언어로 학습자가 전달하려는 내용을 정확하고 유창하게 표현하도록 하는 교육이다. 읽기 교육은 문어 및 이해 영역에 속하며 문자 언어로 이루어진 텍스트를 학습자의 배경지식을 활용하여 이해하도록 하는 교육이다.

문화 교육에서는 한국어와 한국 문화의 관련성을 파악하고 한국 생활에 필요한 기본적인 문화를 학습함으로써 학습자가 경험할 수 있는 문화적 충격을 줄이도록 하는 데 목표를 둔다. 초급 단계에서 다룰 수 있는 문화에는 인사 예절, 식사 예절, 주도, '우리' 문화, '빨리 빨리' 문화 등이 있다.

문학 교육에서는 한국 문학 속의 사회문화적 맥락을 이해하여 한국인과 한국적 정서를 심층적으로 이해하고 세련된 한국어 능력을 갖추도록 한다. 또한, 학습자가 한국의 시, 수필, 소설, 시나리오 등을 읽고 이해하며, 나아가 문학 작품을 창작하는 능력을 기르도록 한다.

13.2. 한국어 교육의 원리

한국어 교육을 하기 위해서 반드시 기억해야 하는 열 가지 교육 원리는 다음과 같다.

첫째, 한국어 학습자가 자연스러운 한국어를 구사하도록 하기 위해서 한국어의 구어와 문어의 특성을 반영해야 한다. 일반적으로 문어에서는 격식적인 표현이, 구어에서는 비격식적인 표현이 자주 등장하기 마련이다. 문어에서의 '무엇이', '이것은', '그런데'는 구어에서 '뭐가', '이건', '근데'로 표현되는 등 음운의 축약 및 탈락이 잦다. '그리고', '네가', '예쁘다', '카페', '버스'는 '그리구', '니가', '이쁘다', '까페', '뻐스'로 발음하는 등 철자와 다른 현실음도 많이 나타난다. 문어와 구어에서 주로 쓰이는 어휘가 다른 경우도 있는데, 문어에서의 '매우', '아주'를 구어에서 '되게', '무지', '완전' 등으로 바꾸어 표현하기도 한다. 또한, 담화표지 '글쎄', '뭐', '말이야', '자', '있잖아', '인제' 등이 구어에서 자주 사용된다. "그 영화 봤어. 지난주에 태희랑"과 같은 비교적 자유로운 어순, "책 다 읽었어?", "아니, 아직"과 같은 문장성분 및 조사의 빈번한 생략도 구어의 특징이라 할 수 있다.

둘째, 정확성과 유창성이 균형을 이루도록 해야 한다. 정확성은 언어의 형식에 초점을 둔 것으로 문법적으로 올바른 표현이 중요한 반면, 유창성은 언어의 사용에 초점을 두며 의사소통 여부가 중요하다. 말하기와 쓰기 등 표현 활동에서 정확성과 유창성 어느 한쪽에 치우침 없이 문법적으로 올바를 뿐만 아니라 상황에 적절한 표현을 생성하여 의사소통이 원활하게 이루어지도록 해야 한다.

셋째, 학습자의 한국어 학습 목표 및 동기를 파악하고 이를 교육에 반영해야 한다. 학습자가 어떤 계기로 한국어를 학습하게 되었는지, 한국어 학습에서 얻고자 하는 바가 무엇인지 파악하는 일부터 한국어 교육이 시작된다고 볼 수 있다. 학문목적 학습자에게 직장생활을 위한 한국어를 강조하거나, 취업목적 학습자에게 대학생활에 필요한 한국어를 장기간 교육하는 것은 교육 효과가 떨어질 수밖에 없다. 따라서 한국어 학습자의 학습 목표 및 동기에 알맞은 표현 및 과제를 교육 현장에서 선별적으로 적용하도록 한다.

넷째, 학습자의 한국어 수준에 적합한 교육 내용을 가르쳐야 한다. 한국어 학습자는 한국어 수준에 따라 일반적으로 초급, 중급, 고급으로 나뉘며, 각 급에 알맞은 주요 교육 내용이 정해져 있다. 초급 학습자에게 환경 문제와 해결 방안에 대한 토론, 자국과 한국의 교육 제도 비교 등 중급 이상의 학습자에게 적절한 과제를 부과하는 것은 거의 불가능하며 교육 효과도 떨어진다. 학습자의 한국어 수준에 맞는 교육 내용을 정하기 위해서는 학습자의 수준 파악이 선행되어야 하므로 학습단계별로 요구되는 주요 어휘, 문법, 과제 등을 꿰뚫고 있어야 할 것이다.

다섯째, 다양한 의사소통 상황이 제시되어야 한다. 사적 장면에서 친밀한 사람과의 일상 대화는 물론, 토론, 발표, 강의 등 공적 장면에서의 격식적 의사소통 상황이 고루 제시되도록 한다. 한국어 학습자는 교실 밖에서 다양한 의사소통 상황을 접하므로 사적 장면, 공적 장면, 격식적 상황, 비격식적 상황에서의 의사소통 연습이 교실 내에서 이루어지는 것이 좋다. 또한, 뉴스, 강의, 인터뷰, 영화, 드라마 등 다양한 매체를 활용하여 일방적 의사소통 상황과 쌍방적 의사소통 상황을 다양하게 경험할 수 있도록 과제를 설계해야 한다.

여섯째, 인위적으로 제작되지 않은 실제적 자료를 적극적으로 활용하도록 한다. 학습자의 한국어 수준에 알맞게 실제적 자료를 다소 가공하여 교육 자료로 활용할 필요도 있으나, 표지판, 이메일, 신문 기사, 광고 전단지, 지하철 노선도 등 가급적 실생활에서 직접 사용되는 자료를 교육 현장에서 활용하여 학습자의 흥미를 높이고 학습 동기를 유발하는 것이 좋다.

일곱째, 과제 중심의 수업이 이루어져야 한다. 과제는 의사소통을 목적으로 수행되는 교실 안팎에서의 모든 활동을 일컫는다. 문어 교육을 위해서는 친구에게 이메일 쓰기, 기숙사 행정실에 건의문 쓰기, 학급 신문 만들기, 학술 논문 쓰기 등을 과제로 제시할 수 있으며, 구어 교육에서는 전화로 음식 배달시키기, 가게에서 물건 사기, 미용실에서 머리 깎기, 은행에서 통장 만들기, 우체국에서 소포 보내기, 부동산에서 방 구하기 등의 활동을 구성할 수 있다.

여덟째, 말하기, 듣기, 쓰기, 읽기 등 언어 기능을 통합한 교육으로 학습자의 한국어 의사소통 능력을 배양해야 한다. 친구가 남긴 메모를 읽고 답장 남기기, 사건·사고 관련 뉴스를 듣고 자신이 겪었거나 자신의 나라에서 발생한 사건·사고에 대해 말하기, 사형 제도에 대해 토론한 내용을 정리하여 쓰기, 강의 듣고 요약하기 등 언어의 네 가지 기능 중에서 두 가지 이상이 활용될 수 있는 기능 통합 교육을 지향하도록 한다.

아홉째, 한국 문화에 대한 이해 교육이 병행되어야 한다. 언어에는 그 언어를 사용하는 공동체의 문화, 관습, 가치관, 행동 양식 등이 녹아 있으므로 언어를 제대로 이해하고 표현하기 위해서는 문화에 대한 이해가 필요하다. 또한, 언어권마다 의사소통을 원활하게 하는 데 필요한 표정, 몸짓 등 비언어적 방식들이 있으므로 이를 이해하고 표현하는 데에도 주의를 기울인다.

열째, 한국어 교사의 다양한 역할을 인지하도록 한다. 한국어 교사는 교육 현장에서 학습 활동에 대한 관찰, 촉진, 통제, 상담, 참여, 평가 등 다양한 역할을 수행하게 된다. 따라서 한국어 교사의 역할을 잘 인지하고 그 역할을 다하여 한국어 교육 효과를 높일 뿐만 아니라, 학습자에게 한국어, 한국인, 한국 문화에 대한 올바른 지식과 긍정적인 태도를 갖도록 할 필요가 있다.

13.3. 한국어 교육의 목표와 내용

외국인을 대상으로 한국어를 가르치기 위해서는 우선적으로 학습자의 한국어 수준을 파악하고 수준별로 요구되는 한국어 교육 목표와 내용을 이해해야 한다. 이를 파악하기 위해 국립국어원(2010~2011)의 '국제 통용 한국어 교육 표준 모형'에 제시된 학습자 수준별 한국어 교육 목표와 내용을 개략적으로 살펴보도록 한다.

'국제 통용 한국어 교육 표준 모형'은 국가 차원의 표준화된 한국어 교육과정을 제시함으로써 국내외 한국어 교육의 목표 및 내용을 통일화, 체계화, 보편화하기 위해 개발된 문화체육관광부 국립국어원의 연구성과물이다. 내용의 포괄성, 사용의 편리성, 자료의 유용성, 적용의 융통성을 기본 원리로 삼아, 국내 대학의 한국어 교육 프로그램은 물론, 세종학당, 사회통합 프로그램 등 다양한 변인을 고려한 한국어 교육과정에 적용되도록 하고 있다. 또한, 재외동포 및 외국인의 한국어 학습 방향을 제시하고 한국어 보급을 확대하기 위해 시행되고 있는 국립국제교육원의 '한국어능력시험'(TOPIK: Test Of Proficiency In Korean), 한국어교원자격 3급 취득을 위해 실시되고 있는 한국산업인력공단의 '한국어교육능력검정시험' 등 각종 한국어 교육 관련 시험에 평가 기준으로 활용되고 있다.

13.3.1. 초급 단계

1급

1) 인사하기, 소개하기 등 일상적인 화제로 의사소통할 수 있으며, 요일, 시간, 장소 등의 기본적인 화제로 구성된 과제를 해결할 수 있다.
2) 일상생활에 대한 간단한 대화를 듣고 이해할 수 있으며, 구, 절 단위 혹은 짧은

문장 단위의 매우 간단한 문장들을 이해하고 쓸 수 있다.

3) 자신의 생활에 필요한 주변 사물, 장소 등과 관련된 어휘를 이해하고 사용할 수 있으며, 자모의 음가, 한국어의 음절 구조, 한국어 기본 문장의 억양을 원어민 화자가 알아들을 수 있을 정도로 발음할 수 있다.

4) 더 나아가 가장 기본적인 한국의 일상생활 문화를 이해할 수 있다.

주제	**가족 소개, 약속, 하루 일과, 날짜, 요일, 시간, 가격, 자기소개, 개인 정보, 인사말, 한글 소개, 한국어 소개**
기능	**물건 사기, 명령하기, 인사하기, 제안하기**
문화	**식생활, 이름과 호칭, 인사, 한글과 한국어, 교통수단**

2급

1) 시장, 식당 등 일상적인 공공장소에서 자주 접하는 화제로 의사소통할 수 있으며, 우체국, 은행 등의 공공장소에서 일어날 수 있는 일반적인 상황들로 구성된 과제를 해결할 수 있다.

2) 공공장소에서 이루어지는 대화뿐만 아니라 친교, 문제 해결 등의 특정 상황에 대한 대화를 듣고 이해할 수 있으며, 일상적인 주제와 관련된 짧고 간단한 글을 읽고 쓸 수 있다.

3) 시장, 식당, 은행, 우체국 등의 공공장소에서 사용되는 어휘를 이해하고 사용할 수 있으며, 복잡한 음운 변화를 이해하여 천천히 발화하면 비교적 정확하게 발음할 수 있다.

4) 더 나아가 한국 사회에 대한 기본적인 이해를 바탕으로 개인 생활을 유지할 수 있다.

주제	**집안일, 병원, 약국, 쇼핑, 시장, 편지, 전화, 길 찾기, 한국 생활, 외모·복장, 감사와 사과, 취미, 개인적 관심사, 주말, 지리 정보, 휴일과 방학**

기능	감사하기, 격려하기, 교환하기, 금지하기, 메모하기, 묻고 답하기, 부정하기, 사과하기, 소개하기, 약속하기, 요구하기, 요청하기, 전화하기, 제공하기, 주문하기, 지시하기, 초대하기, 축하하기, 취소하기, 허락하기·허락구하기, 희망 표현하기
문화	의생활, 주생활, 식생활, 계절과 일상생활, 경제 활동, 여행, 가정생활, 이름과 호칭, 한글과 한국어, 몸짓 언어, 명절, 교통수단, 교통 체계, 공공기관 이용

13.3.2. 중급 단계

3급

1) 일상생활에서 접하는 대부분의 상황에서 별 어려움 없이 의사소통할 수 있으며, 직업, 사랑, 결혼 등의 비교적 친숙한 사회적 소재와 자신의 관심 분야에 대해 최소한의 의사소통을 할 수 있다.
2) 일상적이고 친숙한 소재에 대한 대화를 듣고 이해할 수 있으며, 개인적이고 친숙한 내용의 글을 읽고, 간단하게 설명하는 글을 쓸 수 있다.
3) 일상생활에서 사용되는 대부분의 어휘를 이해하고 사용할 수 있으며, 빈도수가 높은 관용어를 이해할 수 있다.
4) 복잡한 음운 변화를 이해할 수 있으며, 단어 경계를 넘어선 단위에서 음운 변동 규칙을 스스로 적용하여 개별 음운을 정확하게 발음할 수 있다.
5) 더 나아가 한국인의 일상생활에 반영된 전통 문화를 이해하고, 나이, 성, 지위 등 특수한 상황에서 나타나는 문화적 특징 등을 이해할 수 있다.

주제	신체 증상, 학교생활, 친구·동료·선후배 관계, 사건·사고·재해, 공공장소, 음식·요리, 집, 초대, 방문, 모임, 교통, 일상생활, 성격·감정, 날씨와 계절, 공연과 감상, 직장생활, 문화생활, 여행·숙박

기능	감정 표현하기, 강조하기, 거절하기, 걱정하기, 계획하기, 권유하기, 기술하기, 대조하기, 묘사하기, 문의하기, 부탁하기, 서술하기, 예측하기, 위로하기, 의지 표현하기, 자랑하기, 정보구하기, 정정하기, 조언하기·조언구하기, 추천하기, 추측하기, 칭찬하기, 핑계대기, 허용하기, 확인하기, 후회 표현하기
문화	경제 활동, 친목모임, 동호회, 가정생활, 학교생활, 직장 생활, 이름과 호칭, 한글과 한국어, 공휴일, 한국의 지리·지형, 대표 지역, 건강, 전통·현대 음악과 공연

4급

1) 공적인 상황에서 의사소통할 수 있으며, 직장 생활 등 기본적인 사회적 관계에 필요한 과제를 해결할 수 있다.
2) 업무나 공적인 관계에서 이루어지는 대화를 듣고 이해할 수 있으며, 직업, 사랑, 결혼 등의 친숙한 사회적 소재에 대한 글을 읽고 쓸 수 있다.
3) 일상생활에서 사용되는 친숙하지 않은 어휘를 사용할 수 있으며, 빈도수가 높은 관용어, 사자성어, 속담 등을 이해하고 사용할 수 있다.
4) 문어와 구어의 기본적인 특성을 이해하고 사용할 수 있으며, 음운 변동을 능숙하게 적용하여 원어민도 쉽게 알아들을 수 있을 정도의 발음과 억양을 구사할 수 있다.
5) 공적이고 격식적인 한국 문화를 이해할 수 있으며, 대중문화를 이해하고 즐길 수 있다.

주제	연애·결혼, 운동, 건강, 유학, 컴퓨터와 인터넷, 대중매체, 이사, 문화 차이, 영화, 직업, 동료 간 갈등, 업무, 여가
기능	감상하기, 경고하기, 논증하기, 동의하기·동의구하기, 반대하기, 발표하기, 변명하기, 비교하기, 상담하기, 설명하기, 심정 토로하기, 안내하기, 양보하기, 요약하기, 전달하기, 전환하기, 주장하기, 진술하기, 찬성하기, 첨가하기, 추론하기, 충고하기, 토론하기

문화	친목모임, 동호회, 스포츠, 한글과 한국어, 주요 절기, 관례, 혼례, 장례, 제례, 교육열, 교육 제도, 민간 신앙, 전통·현대 음악과 공연, 문화재, 한국의 상징

13.3.3. 고급 단계

5급

1) 정치, 경제, 사회 등 사회적 소재를 중심으로 의사소통할 수 있으며, 자신의 전문 분야에서의 연구나 업무 수행에 필요한 언어 기능을 어느 정도 수행할 수 있다.
2) 사자성어, 속담, 시사용어, 자신의 전문 분야에서 자주 쓰이는 어휘를 이해하고 사용할 수 있으며, 문법의 미묘한 의미 차이를 이해하고 비교적 유창하게 사용할 수 있다.
3) 억양에 나타난 의미 차이를 파악하여 발화 상황에 맞게 어조를 바꾸어 말할 수 있다.
4) 한국 문화 속에 반영된 한국인의 가치관과 사고방식을 이해할 수 있으며, 한국 문화와 자국의 문화를 비교하면서 문화의 다양성과 특수성을 이해할 수 있다.

주제	미래 사회, 생활 과학, 환경문제, 신문기사, 봉사, 진로와 취업, 스포츠
기능	논평하기, 반박하기, 보고하기, 불만 표현하기, 설득하기, 정의하기, 토의하기
문화	식생활, 경제 활동, 한글과 한국어, 관례, 혼례, 교육열, 정서, 건강, 시대, 유명 인물, 문화재

6급

1) 사회적, 추상적 주제를 다루는 의사소통에 참여하여 자신의 의사를 표현할 수 있으며, 자신의 전문 분야나 친숙하지 않은 사회적 소재들로 이루어진 글이나 발표, 토론, 대담 등을 이해할 수 있다.
2) 예시, 비유 등 다양한 기법을 활용하여 폭넓고 다양한 주제에 대해 글을 쓸 수 있

으며, 어려운 사자성어, 속담, 사회적 주제와 관련된 대부분의 어휘를 이해하고 사용할 수 있다.

3) 한국의 대표적인 방언을 듣고 이해할 수 있으며, 대부분의 문법을 맥락과 상황에 맞게 적절히 구분하여 사용할 수 있다.

4) 성취문화, 제도문화, 생활문화에 대한 이해를 바탕으로 사회·문화적인 내용을 이해하고 사용할 수 있다.

주제	기술, 교육 제도, 사회 제도, 미술, 언어, 역사, 언론, 경영, 경제, 심리, 건축, 사회, 정치, 문화, 과학, 성, 철학, 윤리, 법, 한국의 시와 수필, 소설
기능	분석하기, 전망하기, 제기하기, 평가하기, 해설하기, 호소하기
문화	한글과 한국어, 남북관계, 정치제도, 경제제도, 복지정책, 사회제도, 사회문제, 대표 지역과 축제, 다문화 현상, 정서, 성역할, 가치관의 변화, 종교, 전통·현대 음악과 미술, 문학작품, 시대

13.4. 초급 학습자를 위한 한국어 교육

13.4.1. 발음 교육

※ 다음은 일본인 학습자와 중국인 학습자의 오류이다.

일본인 학습자	중국인 학습자
선생님, 모리가 아파요. 치갑이 기숙시에 있어요.	여기에 인항이 있어요? 도시에 살람이 많아요.

일본어의 모음은 'ㅏ, ㅣ, ㅜ, ㅔ, ㅗ' 등 다섯 가지이므로 일본어에 없는 한국어 모음을 잘못 발음하는 경향이 있다. 또한, 한국어 초성의 평음은 약간의 유기성을 포함한 음가로 일본인은 격음으로 발음하기도 한다. 중국어에서 '은행(銀行)'은 [yínháng]으로 발음한다. 또한, 중국인은 한국어의 탄설음을 권설음으로 발음하는 경향이 있다.

초급 단계에서 발음 오류가 교정되지 않으면 고급 단계에서도 오류가 지속된다. 따라서 모음과 자음 교육은 물론, 음운 규칙 교육 단계에서 발음 교육이 체계적으로 이루어져야 한다.

발음 교육은 모음 교육과 자음 교육에서부터 시작된다. 자음은 모음과 달리 반드시 모음과 함께 써야 소리를 나타낼 수 있으므로 모음부터 교육한다. 모음은 21개를 한꺼번에 제시하는 것이 아니라 모음 삼각도를 활용하여 (1가)와 같이 단모음을 가르친 후, (1나)처럼 자음을 제시하여 음절을 구성하도록 한다. 이때 단모음과 자음으로 구성되는 기초적인 어휘를 제시하면서 발음 연습을 한다.

(1) 가. 오이, 아이
나. 우리, 오리, 고기, 머리, 다리, 아기, 아버지, 어머니, 지도, 코, 소, 오빠, 나무

단모음과 달리 발음할 때 발성 기관의 모양이 변하는 이중모음을 가르치면서 어휘도 확장한다. 이때 (2)와 같이 가급적 기초적인 어휘를 함께 제시하도록 한다.

(2) 가. 우유, 이유, 여우, 예의
나. 의자, 의사, 얘기, 귀

모음과 자음 교육 후, (3)과 같이 받침이 있는 단어를 제시하면서 음절끝소리 규칙을 가르친다.

(3) 가. 목, 수박, 약국, 밖, 부엌, 닭
나. 산, 신문, 눈, 앉다
다. 옷, 꽃, 낮, 히읗, 있다
라. 발, 팔, 하늘
마. 사람, 남자, 음악
바. 입, 밥, 숲, 없다
사. 비행기, 형, 가방

한편, 대부분의 학습자들은 모음 중 'ㅓ', 'ㅡ', 'ㅜ', 'ㅢ'의 구분, 장애음 중 평음, 경음, 격음의 구분을 어려워한다. 따라서 교사의 발음을 따라하면서 발음하는 데 그치지 말고, 모음 삼각도, 발음 동영상 등을 활용하여 발성 기관의 모양을 체계적으로 보여주어야 한다. (4)와 같은 최소대립쌍으로 소리와 함께 의미가 달라짐을 인지하도록 하여 발음에 주의를 기울이게 하는 방법도 유용하다.

(4) 가. 고기/거기, 오리/우리/의리
　　나. 달/탈/딸, 덕/턱/떡, 자다/차다/짜다

13.4.2. 어휘 교육

※ 다음은 영어권 학습자의 오류이다.

추워서 장갑을 입었어요. 저는 아침마다 머리를 씻어요. 운동장에서 축구를 놀았어요.

'wear/put on gloves', 'wash/shampoo one's hair', 'play the football' 등을 한국어로 직역한 데서 비롯된 오류이다. 한국어에서 명사가 취하는 동사가 다르므로 명사와 동사를 한 데 묶어 '장갑을 끼다', '머리를 감다', '축구를 하다' 등 연어의 형태로 제시한다.

초급 단계에서 학습자는 자신의 모어와 목표어의 어휘를 단순히 번역하여 일대일로 암기하는 경향이 있다. 어휘가 일대일로 대응하는 경우에는 큰 문제가 없으나 모어와 한국어 어휘의 의미나 사용 환경이 다른 경우가 있으므로 이에 유념해야 한다.

초급 단계에서는 일상생활에서 사용 빈도가 높은 어휘를 제시하도록 한다. 반의어, 유의어, 다의어, 동음이의어, 상하위어를 활용한 어휘 확장이 가능하나 초급 단계에서 지나치게 많은 어휘를 한꺼번에 제시하는 것은 학습의 부담을 가중시킬 수 있다. 따라서 확장되는 어휘도 (5)와 같이 초급 수준의 어휘로 한정하는 것이 좋다.

(5) 가. 길다-짧다, 크다-작다, 많다-적다

나. 예쁘다-아름답다, 잔치-파티, 부엌-주방

다. 먹다-밥을 먹다/나이를 먹다, 보다-영화를 보다/시험을 보다

라. 배-배가 아프다/배를 타다/배가 맛있다, 쓰다-일기를 쓰다/모자를 쓰다/약이 쓰다

마. 시계-손목시계/벽시계/알람시계, 요일-월/화/수/목/금/토/일요일

13.4.3. 문법 교육

※ 다음은 중국인 학습자의 오류이다.

> "니가 우정상이야. 빨리 무대에 가요. 축하해요." 나는 믿을 수 못했지만 그래도 일어나서 무대에 갔다. 긴장 때문에 10미터밖에 안 되는 길 1000미터처럼 길었다.

'이/가', '에', '(으)로', '에서', '-아/어요', '-다' 등 형태소 단위의 조사와 어미를 기본적인 문법 교육 항목으로 본다. '-(으)ㄹ 수 있다/없다', '-기 때문에'와 같이 관형사형어미, 명사형어미, 의존명사, 형용사, 조사 등으로 구성된 형태에 대한 분석적 접근은 피하고, 의사소통 기능에 중점을 두어 문법 항목을 선정하고 교육한다. 따라서 '-(으)ㄹ 수 있다/없다'는 '능력/가능성 말하기', '-기 때문에'는 '이유/원인 말하기'의 기능을 하는 문법 항목으로 제시할 수 있다.

한국어 교육에서는 담화 중심 문법 교육을 지향한다. 문법 항목의 형태와 의미는 물론, 사용 맥락을 제시하여 목표 문법 항목을 적절한 상황에서 형태적으로 정확하며 유의미하게 사용할 수 있도록 한다. '-아/어 주다'는 동사와 결합하여 '찾아 주다', '빌려 주다', '말해 주다' 등의 형태로 쓰이는 동시에 다른 사람을 위해 어떤 동작을 수행한다는 의미 정보를 제시하도록 한다. 아울러, 부탁하기의 기능을 수행할 때 의사소통 상황에 따라 '문을 열어 주세요', '문 좀 열어 주시겠어요?, '문 좀 열어 주실 수 있으세요?' 등으로 실현됨을 인지시키도록 한다.

초급 단계의 주요 문법 항목을 조사, 어미, 복합형식으로 나누어 제시하면 (6)과 같다.

(6) 가. 이/가, 을/를, (으)로, 에서, 에, 와/과, 은/는, 만, 도

나. -아/어요, -ㅂ/습니다, -고, -지만, -아/어서, -(으)니까, -(으)면, -(으)면서

다. -(으)러 가다/오다/다니다, -(으)려고 하다, -지 않다/못하다, -아/어야 하다/되다, -기로 하다, -고 싶다

참고 문헌

강옥미(2003), 《한국어음운론》, 태학사.

강현화 외 6인(2016), 《한국어 교원을 위한 한국어교육학》, 한국방송통신대학교출판부.

고영근·구본관(2008), 《우리말문법론》, 집문당.

곽재용(1988), 국어의 중의성 연구, 영남대학교 대학원 석사학위논문. .

구본관 외(2015), 《한국어 문법 총론》Ⅰ, 집문당.

구본관 외(2016), 《한국어 문법 총론》Ⅱ, 집문당.

구종남(1992), 국어 부정문 연구, 전북대학교 대학원 박사학위논문.

구현옥(1999), 《국어 음운학의 이해》, 한국문화사.

국립국어원(2010), 《국제 통용 한국어 교육 표준 모형 개발》, 국립국어원.

국립국어원(2011), 《국제 통용 한국어 교육 표준 모형 개발 2단계》, 국립국어원.

국제한국어교육학회 편(2005), 《한국어교육론》 1, 2, 3, 한국문화사.

권경근 외(2009), 《언어와 사회, 그리고 문화》, 박이정.

김동소(2002), 《중세 한국어 개설》, 대구가톨릭대학교출판부.

김덕호(2002), 《경북방언의 언어지리학》(수정판), 월인.

김무림·김옥영(2009), 《국어음운론》, 형설출판사.

김무식(1998), 《국어학 자료의 이해와 실제》, 경성대학교출판부.

김미숙(1997), 언어와 인식의 상관관계 연구, 경성대학교 교육대학원 석사학위논문.

김병제(1988), 《조선언어지리학시고》, 평양: 과학백과사전종합출판사.

김봉국(2002), 강원도 남부지역 방언의 음운론, 서울대학교 대학원 박사학위논문.

김봉주 역(1986), 《의미의 의미》, 한신문화사

김성규·정승철(2005), 《소리와 발음》, 한국방송통신대학교출판부.

김세중(1984), 한국어 수행문 연구, 서울대학교 대학원 석사학위논문.

김영선(1994), 중세국어 맞선말 연구, 동아대학교 대학원 박사학위논문.

김영선(2004), 《국어 음절 구조 제약과 음운 현상》, 한국문화사.

김정대(1981), 한국어 재귀대명사 '자기'에 관한 연구, 《경남어문》 4, 경남어문학회.

김정대(1984), 화용 양상에서 통사 양상으로, 《새결 박태권선생 회갑기념논총》.

김지숙(2011), 다문화가정 아동의 한국어 연결어미 사용양상 연구, 영남대학교 대학원 박사학위논문.

김진우(1985), 《언어: 그 이론과 응용》, 탑출판사.

남기심·고영근(2011), 《표준국어문법론》(제3판), 탑출판사.
남기심·이정민·이홍배(1985), 《언어학 개론》(개정판), 탑출판사.
류응달 역(1993), 《의미론 입문》, 한신문화사.
목정수(2003), 《한국어문법론》, 월인.
박영순 외 20인(2010), 《한국어와 한국어교육》(개정판), 한국문화사.
박용식(2003), 이두의 생략 표기에 대한 연구, 경상대학교 대학원 박사학위논문.
박종갑·오주영(1995), 《언어학 개론》(수정판), 경성대학교 출판부.
박종갑(2006), 《토론식 강의를 위한 국어의미론》(수정증보판), 도서출판 박이정.
박진호(2016), 단의(monosemy)와 다의(polysemy): 문법화와 유형론의 관점에서, 《국어의미론의 새로운 인식과 전개2: 국어의미론의 심화》, 윤평현 선생 정년퇴임 기념논총, 도서출판 역락, 189-217.
배주채(2011), 《국어음운론 개설》(개정판), 신구문화사.
배주채(2013), 《한국어의 발음》(개정판), 삼경문화사.
배주채(2015), 《한국어음운론의 기초》, 삼경문화사.
배혜진(2014), 달성지역어의 음운론적 변이와 변화 연구, 영남대학교 대학원 박사학위논문.
백두현·이미향·안미애(2013), 《한국어음운론》, 태학사.
범금희(2009), 한국어 연결어미류의 실현양상에 대한 텍스트분석적 연구, 영남대학교 대학원 박사학위논문.
서울대학교 국어교육연구소 편(2014), 《한국어 교육학 사전》, 도서출판 하우.
서울대학교 한국어문학연구소·국어교육연구소·언어교육원(2014), 《한국어 교육의 이론과 실제》 1, 2(개정판), 아카넷.
서희정(2009), 한국어교육을 위한 복합형식 연구, 경희대학교 대학원 박사학위논문.
송창선(2010), 《국어 통사론》, 한국문화사.
송향근·김상수(2012), 《한국어 교육 연구의 이해》, 부산외국어대학교출판부.
신승용(2013), 《국어 음운론》, 역락.
신지영(2014), 《말소리의 이해》(개정판), 한국문화사.
염선모(1987), 《국어 의미론》, 형설출판사.
윤평현(2008), 《국어의미론》, 도서출판 역락.
윤평현 선생 정년퇴임 기념논총 간행위원회(2016), 《국어의미론의 새로운 인식과 전개 2: 국어의미론의 심화》, 윤평현 선생 정년퇴임 기념논총, 도서출판 역락.
이건원 역(1987), 《언화행위》, 한신문화사.
이기문(1972), 《국어사개설》, 탑출판사.
이기문·김진우·이상억(2006), 《국어음운론》(증보판), 학연사.
이문규(2015), 《국어 교육을 위한 현대 국어 음운론》, 한국문화사.
이은규(1993), '향약구급방'의 국어학적 연구, 대구가톨릭대학교 대학원 박사학위논문.
이익섭(1981), 《영동영서의 언어분화-강원도의 언어지리학-》, 서울대학교 출판부.
이익섭(1986), 《국어학개설》, 학연사.

이익섭·장소원(2007), 《국어학개론》, 한국방송통신대학교출판부.
이익섭(2009), 《국어학개설》(개정판), 학연사.
이익환(1985), 《의미론 개론》, 한신문화사.
이정복(1998), 국어 경어법 사용의 전략적 특성, 서울대학교 대학원 박사학위논문.
이준희(2000), 《간접화행》, 도서출판 역락.
이진호(2012), 《한국어의 표준발음과 현실발음》, 아카넷.
이진호(2014), 《국어 음운론 강의》(개정판), 삼경문화사.
이철우(2015), 한국 텔레비전 광고 언어에 대한 연구, 영남대학교 대학원 박사학위논문.
이혁화(2005), 무주·영동·김천 방언의 음운론적 대비 연구, 서울대학교 대학원 박사학위논문.
이호영(1996), 《국어음성학》, 태학사.
이희승·안병희(2008), 《새·로 고친 한글맞춤법 강의》, 신구문화사.
임규홍(1998), 국어 '말이야'의 의미와 담화적 기능, 《담화와 인지》 5-2, 담화·인지언어학회.
임지룡(1993), 《국어 의미론》, 탑출판사.
장석진(1987), 《오스틴》, 서울대학교 출판부.
정승철(2013), 《한국의 방언과 방언학》, 태학사.
정인수(1994), 국어 형용사의 의미자질 연구, 영남대학교 대학원 박사학위논문.
정인호(2006), 《평북방언과 전남방언의 음운론적 대비 연구》, 태학사.
최규수(1990), 우리말 주제어 연구, 부산대학교 대학원 박사학위논문.
최동주(2015), 《국어 시상체계의 통시적 변화》, 태학사.
최명옥(2004), 《국어음운론》, 태학사.
최현배(1983), 《우리말본》, 정음문화사.
허광일·이석주·박양구 역(1980), 《의미론》, 한신문화사
허발(1979), 《낱말밭의 이론》, 고려대학교 출판부.
허웅(1975), 《우리 옛말본-15세기 국어 형태론》, 샘문화사.
허웅(1981), 《언어학-그 대상과 방법》, 샘문화사.
허웅(1983), 《국어학-우리말의 오늘·어제》, 샘문화사.
허웅(1985), 《국어 음운학-우리말 소리의 오늘·어제》, 샘문화사.
황병순(1988), 《국어 상표시 복합동사 연구》, 형설출판사.
Austin, J. L.(1962), *How to do things with words*, Oxford:Oxford University Press.
Bloomfield, L.(1933), *Language*, New York:Holt, Rinehart & Winston.
Chambers, J. K. and P. Trudgill(1998), *Dialectology*, 2nd ed, Cambridge University Press.
Gordon, D. and G. Lakoff.(1975), "Conversational Postulates," P. Cole and J. Morgan(eds.), *Syntax and Semantics 3: Pragmatics*, New York:Academic Press.
Grice, H. P(1975), "Logic and Conversation." In *Syntax and Semantics 3: Speech Acts*, New York:Academic Press.

Grice, H. P(1978), "Further notes on logic and conversation", In *Syntax and Semantics 9:Pragmatics*, New York:Academic Press.

Kempson, R. M.(1977), *Semantic Theory*, Cambridge:Cambridge U. Press.

Kurath, H.(1972), *Studies in Area Linguistics*, Indiana University Press.

Ogden C. K. & I. A. Richards(1949(1923)). *The Meaning of Meaning*, London: Routledge & Kegan Paul.

Sadock, J. M.(1974), *Toward a Linguistic Theory of Speech Acts*, New York:Cambridge University Press.

Saussure, F. de(1916), *Cours de Linguistique Generale*, Paris:Payot.

Searle, J. R.(1969), *Speech Acts*, Cambridge:Cambridge University Press.